Inhaltsverzeichnis

Einleitung

Dieses Büchlein soll allen Referendarinnen und Referendaren helfen, durch humorvolle Betrachtungen des verrückten Lehreralltags, Reflexionen von konkreten Situationen und ganz praktischen Tipps, mit ein wenig mehr Gelassenheit in das Referendariat zu starten. Denn nicht zuletzt ist auch diese Zeit eine voller neuer Eindrücke, motivierender Erlebnisse und ganz viel Spaß.

Wer sich darauf einlässt, der wird auch in der Hölle Engel finden …

Das Referendariat ist schrecklich schön. Und es ist ganz schön schrecklich. Zwischen diesen zwei Polen eingezwängt stehst du als Referendar. Über einen Zeitraum von eineinhalb bis zwei Jahren ist das Referendariat mehr als eine bloße Berufsbezeichnung. Kein Film, den man schauen könnte, ohne einen Unterrichtseinstieg zu wittern, kein Gespräch, das nicht irgendwann beim renitenten Störer der Mittelstufe landet, kein Buch, das man einfach für sich lesen könnte. Spätestens, wenn du auf der Grillparty bei Freunden, zu der du dich mit Mühe und Not überreden lassen hast, die Anwesenden in Essensgruppen einteilst, damit sie sich binnendifferenziert am Buffet abarbeiten, brauchst du gute Freunde, die dir vor den Kopf schlagen.

Oder eben dieses Buch.

Das, was bei vielen Lehramtsanwärtern und -studenten das Referendariat schon vor dem eigentlichen Start so angsteinflößend werden lässt, sind die herumgeisternden Horrorgeschichten. Schreiende und blutende Kinder während der Lehrprobe, schreckliche Fachleiter, wütende Mentoren, unbarmherzige Klassen, arrogante Kollegen – sicherlich hat jeder eine solche Geschichte auf Lager.

Nicht zuletzt sind es auch die Erfahrungen aus der eigenen Schulzeit, die die Sicht auf das Kommende prägen. Werden meine Schüler genauso unverschämt sein wie ich damals in der Neunten? Werde ich ein genauso langweiliger Lehrer wie dieser unbeliebte Deutschlehrer damals?

Dazu kommt, dass sich viele nach Jahren des Fachstudiums, das nur ab und zu von praxisnahen Seminaren unterbrochen wurde, nicht auf das Referendariat vorbereitet fühlen. Und diese Orientierungslosigkeit kann beängstigend sein.

Vielleicht findest du deinen speziellen Grund, warum du dieses Buch gekauft hast, hier wieder. Oder vielleicht kennst du jemanden, der all dies auf sich zukommen sieht und schon nervös mit den Sandalen scharrt.

Euch allen sei gesagt: Atmet durch, sorgt euch nicht!

Alles, was im Referendariat an Herausforderungen auf euch zukommt, sieht in der Realität gar nicht mehr so fürchterlich aus, wie es in den Schauergeschichten erscheint. Mit einer positiven Grundeinstellung und Spaß an der Arbeit wird das Referendariat zu einer reichen Erfahrungsquelle, von der man später als Lehrer profitieren kann.

Freue dich also auf einen Einblick in einige wichtige Bereiche des Referendariats, wie z.B.

- Unterrichtsgestaltung,
- Lehrproben,
- kollegiales Miteinander oder Methodenvorschläge

und andere Tipps, die dich gelassener durch diese aufregende Zeit bringen und dir aufzeigen, wie du diese auch selbst gestalten kannst. Natürlich kann in diesem Umfang nicht jeder Aspekt detailliert behandelt werden. Es geht vielmehr darum, einen ersten Einblick zu gewinnen.

Du kannst das Buch entweder als erstes kleines Nachschlagewerk nutzen oder in einem lesen – ganz wie es deine Zeit zulässt. Viel Vergnügen!

A wie Anfang

Der Wecker klingelt. Der erste Schultag im Referendariat steht an. Selbst wenn du dieses Buch gelesen haben solltest, bist du ähnlich aufgeregt wie damals bei deiner Einschulung. Das liegt daran, dass es einige Parallelen gibt. Du hast die Bleistifte gespitzt, den Planer gekauft oder als App geladen und die ersten wichtigen Termine eingetragen. Du hast vorsorgehalber ein paar Didaktikbücher aus dem Studium durchblättert und gehofft, dass dir in großen Lettern das perfekte Mittel gegen deine Nervosität entgegenhüpft.

Du betrittst die Schule, schnupperst fremde, aber wohlbekannte Luft, begleitet von interessierten und freundlichen Blicken, und siehst den einen Ort, den du als Schüler stets von der anderen Seite gesehen hast, plötzlich in neuem Licht: das Lehrerzimmer.

Das Abenteuer beginnt!

Natürlich fühlt sich jeder anders, aber ungewohnt ist der Anfang von etwas Neuem eigentlich immer. Nachdem man die vertraute universitäre Umgebung verlassen hat, kommt man in eine Institution mit unterschiedlichen Ansprechpartnern, vielen Räumen, zahllosen Schubladen und unzähligen Formularen, die alle irgendwie wichtig sein könnten.

Hier ist das Wichtigste, nicht den Überblick zu verlieren. Es fällt zwar aufgrund der überwältigenden Eindrücke schwer, aber der Ansatz, alles mit einer gewissen Gelassenheit anzugehen, kann durchaus hilfreich sein. Das bedeutet ganz konkret, sich zu sagen, dass man nicht alles auf einmal sehen, hören und verstehen muss. Manche Prozesse lernt man erst später kennen – und das ist auch in Ordnung. Gelassenheit beginnt also damit, kleine Schritte zu gehen.

Als Erstes ist es hilfreich, sich um die räumliche Orientierung zu kümmern. Wo ist das Lehrerzimmer, das Sekretariat, das Rektorat und der Hausmeister?

Wo sind die Toiletten? Und sobald du deinen Mentor (➪ Mentoren) gefunden hast, wird ein großer Teil deiner Aufregung verschwinden. Denn Mentoren wissen, wie du dich fühlst. Sie sind schon lange an der Schule und haben einiges erlebt. Falls du deinen Mentor nicht sofort findest, kannst du die Gelegenheit nutzen, um erste Kontakte mit den neuen Kollegen zu knüpfen. Sollte der ein oder andere gestresst reagieren, nimm das auf keinen Fall persönlich. Zu Beginn des neuen

Schuljahres sind alle etwas aufgeregt. Nicht verzagen, es ergibt sich bestimmt eine andere Gelegenheit.

Hier ein paar Dinge, die dir den Einstieg erleichtern können:

- Lege dir einen Kalender an, den du auch wirklich benutzt (vermeide es, mehrere Kalender zu verwenden – entweder nur digital oder nur analog).
- Schaue dir das Willkommenspaket, das viele Schulen bereitstellen, sorgfältig durch.
- Wenn du die Gelegenheit hast, schlendere vorher einmal durch die Schule, um dich mit dem Ort vertraut zu machen (natürlich bekommst du aber auch zu Beginn von den Fachleitern oder der Schulleitung eine Führung).
- Wirf einen Blick auf den „Referendarstisch" und sieh dir an, was deine neuen Kollegen auf dem Tisch haben.
- Mach dir einen ersten Kaffee oder Tee in der Kaffeküche – sie wird zukünftig für dich ein wichtiger Raum in der Schule sein. Dort tauschen sich die Kollegen über den Unterricht und die Schüler aus.

B wie Besuch

Nachdem du die ersten Hospitationen und eigenen Unterrichtsstunden absolviert hast, steht der Besuch des Fachleiters an. Er möchte sich ein Bild von dir und deinem Unterricht machen ...

Zu Beginn läuft alles perfekt. Die sechste Klasse schreibt im Geschichtsunterricht konzentriert über den Trojanischen Krieg. Danach wird präsentiert. Die Schüler sollen den Krieg aus Sicht der Soldaten erzählen, die im hölzernen Pferd saßen. Sehr viele melden sich. Auch eine Gruppe Jungs!
Sie kommen nach vorne und lesen ihre „eigenen Erfahrungen“ während des Trojanischen Krieges vor. Es wird blutrünstig und brutal. Köpfe fliegen, Bäuche werden aufgeschlitzt. Du stehst vorne, schwitzt und bereust, dass du das Thema ausgewählt hast. Das

Gefühl, versagt zu haben, steigt langsam in dir auf, aber der Blick des Fachleiters verrät nichts.

Vielleicht hättest du bedenken sollen, dass die sogenannte Handlungs- und Produktionsorientierung, bei der es um eine kreative Aneignung von Themen geht, nicht für ein Kriegsthema geeignet ist. Hier haben die Schüler anscheinend die historischen Geschehnisse zu sehr mit den Welten aus den Egoshootern vermischt, die oft viel zu früh gespielt werden. Aber einen Versuch ist es immer wert, denn: Sowohl in den Stunden, die zu Beginn von Lehrern der Schule begleitet werden, als auch in den sogenannten Besuchsstunden der Fachleiter sollte es darum gehen, Erfahrungen zu sammeln. Es sind keine Lehrproben (⇨ Lehrproben), die bewertet werden. Du kannst hier nicht durchfallen (⇨ Durchfallen) – im schlimmsten Fall steht dir eine Verlängerung bevor. Der Unterrichtsbesuch ist aber ein Hinweis, dass du auf dem richtigen Weg bist und dass du vor der Klasse (be)stehen kannst.

Auch hier solltest du es langsam angehen. Bei den ersten Stunden im eigenen Unterricht geht es auch darum zu fühlen, wie es ist, selbst vor der Klasse zu stehen. Ein Konzept zu haben, Fragen zu stellen, Ruhe einzufordern. Zu Beginn kann das alleine schon Herausforderung genug sein.

Demnach ist es vielleicht besser, wenn du in der Besuchsstunde darauf verzichtest, etwas komplett Neues auszuprobieren. Wähle Methoden, Arbeitsformen und Zugänge, mit denen du die Klasse nicht überforderst.

Sowohl in der Besuchsstunde als auch in der Vorbereitung auf die Lehrprobe (⇨ Lehrproben) sollten immer die Schüler im Mittelpunkt stehen, denn um sie geht es letzten Endes! Natürlich ist die Stunde auch dafür da, dem Fachleiter zu zeigen, was du kannst. Doch das geht eben am besten, wenn du lernst, dessen Anwesenheit auszublenden und dich auf das Wesentliche zu konzentrieren.

Nur bei den Rückmeldungen des Fachleiters solltest du wieder ganz genau hinhören. Sie zeigen dir, woran du noch arbeiten und was du verbessern kannst. Ach, eins noch: Stelle besser keine kreativen Schreibaufträge zu Kriegsthemen …

C wie Computereinsatz

Vielleicht erinnerst du dich selbst noch an die wundervollen Schulstunden, die mithilfe dieser tollen Maschinen durchgeführt wurden. Wahrscheinlich sind dir vor allem die Stunden in Erinnerung geblieben, in denen die Kisten nicht funktionierten. Sei es, dass einzelne Rechner gar nicht hochfuhren oder die Ladevorgänge von Programmen oder Dateien so lange dauerten, dass man am Ende der Stunde kaum zum Arbeiten kam. Das ein oder andere Mal waren die Probleme vielleicht auch nicht ganz unverschuldet. Indem man die Tastatursprache umstellte, konnte man so manchen Lehrer vor schlicht unlösbare Probleme stellen. Computerräume waren also oft Grund zur Freude darüber, dass nicht viel gearbeitet wurde.

Heutzutage spricht man eher von Medien im Allgemeinen. Die Computer stehen nicht mehr in großen Kisten auf den Tischen, sondern werden von fast jedem in der Hosentasche herumgetragen. Der Einsatz von Computern, Tablets oder Smartphones in der Schule ist sehr unterschiedlich und immer noch nicht selbstverständlich (obwohl er es sein sollte). An manchen Schulen ist Handynutzung verboten, andere haben ganze iPad-Klassen.

Sei dir bewusst darüber, dass mit der Technik auch mal etwas schiefgehen kann. Es schadet sicher nicht, für diesen Fall einen Plan B vorbereitet zu haben. Es sollte dich aber nicht davon abhalten,
die Neuen Medien, wie viele sie unsinnigerweise immer noch nennen, in deinem Unterricht zu integrieren. Sie gehören mittlerweile zum Leben und Alltag der Schüler dazu.

Es kommt darauf an, dass du die Geräte sinnvoll und gezielt einsetzt. Denn so erfahren Schüler, dass man mit diesen Geräten mehr machen kann, als Nachrichten zu schreiben und Fotos zu machen.

Für den Erfahrungsaustausch mit anderen Kollegen über den Medieneinsatz im Unterricht ist die Anmeldung in Social-Media-Kanälen wie Twitter oder Ähnliches empfehlenswert (wer sich unsicher ist, kann dies auch anonym tun). Hier tummeln sich zahlreiche Lehrer, die Tipps zur Unterrichtsgestaltung haben. Ob Computer oder Smartphone, solange du Zugang zum Internet hast, kannst du die Geräte für kleinere Arbeitsaufträge leicht integrieren, z.B.

- Blogs und Kommentare schreiben,
- Bilder für Dokumentationen im Unterricht machen und archivieren,
- Aussagen überprüfen und googeln,
- über die Wirkung des Internets und sozialer Netzwerke anhand von Beispielen sprechen,
- soziale Netzwerke für die Arbeit mit Literatur nutzen.

Bevor du allerdings ein innovatives Feuerwerk abbrennst, musst du dich erst über die geltenden Regeln an der Schule informieren und auch nachfragen, wie dein Fachleiter (➪ Fachleiter) zu dem Thema steht. Solltest du auf Widerspruch treffen, kannst du ja vielleicht auch etwas Überzeugungsarbeit leisten. Digitale Kanäle und Technik werden in Zukunft immer mehr Raum in der zeitgemäßen Bildung einnehmen.

D wie Durchfallen

Du hast alles gegeben, bist als eierlegende Wollmilchsau angetreten, hast einen Tanz vor Klasse und Fachleiter hingelegt, alles aus deinem Methodenkoffer herausgeholt, was geht – aber alles umsonst: Du musst in die Verlängerung! Das Urteil kommt einer Verbannung gleich! Anders als deine Mitreferendare musst du ein halbes Jahr dranhängen und alles nochmals durchmachen.

Eine Verlängerung zu bekommen, kann viele Gründe haben. Da der Fokus im Referendariat auf den von dir gehaltenen Unterrichtsstunden liegt, kommt meist vom Fachleiter (➪ Fachleiter) nach dem ersten oder zweiten Unterrichtsbesuch der Hinweis, dass es eng werden könnte und dass ein weiterer Unterrichtsbesuch (➪ Besuch) erfolgen wird. Wenn dieser dann auch nicht

zufriedenstellend ist, kann es zu einem Nicht-Bestehen, also zu einer Verlängerung des Referendariats kommen.

Das Schlimme an der Verlängerung ist für viele aber gar nicht der zeitliche Aspekt (bis vor einiger Zeit war das Referendariat in vielen Bundesländern grundsätzlich länger, mit der Einführung des Praxissemesters, z. B. in Baden-Württemberg, wurde es dann verkürzt).

Was viele ehemalige Studenten verzweifeln lässt, ist das Gefühl, nicht geeignet oder nicht gut genug zu sein.

Man sollte es aber nicht zu sehr an sich heranlassen, denn es ist unbestritten, dass die Praxis oft auf der Strecke bleibt, auch wenn im Studium immer mehr didaktische und pädagogische Elemente integriert werden. Im Referendariat angekommen, fühlen sich viele wie ins kalte Wasser geschmissen.

Einige sind – um in diesem Bild zu bleiben – natürliche Schwimmer. Sie verstehen auf Anhieb, wie sie ihren Unterricht zu gestalten haben und kommen generell mit allen Aufgaben gut zurecht.

Falls das bei dir nicht so ist, bedeutet das keinesfalls, dass du zum Scheitern verurteilt bist. Es bedeutet einfach „nur", dass du etwas länger brauchst, um dich an die neue Situation anzupassen.

Ein anderer Fall kann die Perfektionismusfalle sein. Nicht selten haben jene Schwierigkeiten, die alles zu perfekt machen wollen. Der übermäßige Druck und die Anspannung, mit der man die Unterrichtsstunden angeht, ist eher kontraproduktiv. Die Schüler spüren das.

Was auch immer der Grund für das Durchfallen ist: Du musst dich nicht dafür schämen! Anders ist es, wenn du erkennst, dass Schule und alles, was damit zu tun hat, gar nicht das ist, was du wirklich willst. In diesem Fall kann es auch der Impuls sein, sich anderweitig zu orientieren.

E wie Entwürfe

Dein Unterrichtsentwurf ist eine kleine Doktorarbeit geworden. Du hast die Interpretation der Textstelle oder Formel, die du mit den Schülern erarbeiten willst, bis in die atomaren Einzelteile zerlegt, weil du damit zeigen willst, dass du die gesamte Materie nicht nur beherrschst, sondern ein Meister des Fachs bist.
Mit fachmännischem Blick über deinen Brillenrand überreichst du dem Fachleiter das Meisterwerk.
Aber was macht er!? Er zerreißt es!
Unfassbar! Was war das Problem?

Es lässt sich darüber streiten, ob es eine schöne Sache ist, dass man im Referendariat so viele unterschiedliche Aufgaben gestellt bekommt oder ob es eher das Schreckliche daran ist. Der Unterrichtsentwurf, der sowohl vor den Lehrproben (➪ Lehrproben) als auch vor den Unterrichtsbesuchen (➪ Besuch) geschrieben wird, ist eine davon.

Die einzelnen Teile des Entwurfs – wie die Beschreibung der Klassensituation und der Klasse, die Sachanalyse, der methodische Zugang und die didaktische Herangehensweise – sowie deren Bezeichnung unterscheiden sich in den einzelnen Bundesländern. Dennoch können an dieser Stelle einige allgemeine Aspekte angemerkt werden.

Ein beliebter Fehler liegt in der Herangehensweise an den Unterrichtsgegenstand. So wird beispielsweise nach einem Einstieg gesucht (also nach dem Impuls, mit dem man die Stunde beginnt), ohne dass überhaupt klar ist, wohin es gehen soll. Man beginnt nicht mit dem Einstieg, sondern mit der Kompetenz, sorgt für Materialien, die diese Kompetenz schulen. Dann überlegt man sich Methoden, wie die Materialien zugänglich gemacht werden können, und Sozialformen, die diese Methoden unterstützen (also z.B. eine Gruppenarbeit, eine Stillarbeit und Ähnliches).

Am Schluss überlegt man den Einstieg, der auf die Erarbeitung hinführt, und einen Abschluss, der entweder die Inhalte sichert oder in einen Transfer mündet.

Der Kern der Stunde liegt dabei definitiv auf dem Teil, bei dem du als Lehrer gar nicht unbedingt im Fokus stehst, sondern die Schüler arbeiten. Für diesen Teil ist eine Sache ganz wichtig: Funktionalität!

Schreibst du den Entwurf für den Fachleiter (➪ Fachleiter), muss klar erkennbar sein, warum du etwas so machst, wie du es machst. Neben der Tatsache, dass die Schüler anhand deiner Herangehensweise in der Lage sein sollen, ein Thema zu erarbeiten, soll der Entwurf und die nachträgliche Besprechung deine Vorüberlegungen deutlich machen. Es muss erkennbar sein, ob du deine Entscheidungen begründen kannst. Diese Begründungen gehen bis hin zu den angewandten Sozialformen: Warum Gruppenarbeit und nicht Einzelarbeit? Warum eine Folie und keine Frage?

Wenn du von vornherein von der Mitte der Stunde, der Erarbeitungsphase, aus planst, behältst du diese Aspekte besser im Blick und kannst deutlich gelassener auf das Feedback des Fachleiters warten.

Einige (unvollständige) Leitfragen können dir helfen, den Unterrichtsentwurf später besser zu begründen.

Sie helfen bei einem logischen und stringenten Aufbau:

- Was ist der eigentliche Gegenstand der Stunde?
- Welche Kompetenzen werden geschult?
- Inwieweit helfen die Sozialformen beim Erreichen der Ziele?
- Inwieweit hilft das Material beim Erreichen der Ziele?
- Zielt der Einstieg auf den Kern der Stunde ab?
- Bezieht sich das Ende (oft als Wissenstransfer) auf den Beginn?
- Wird der Inhalt gesichert?
- Werden Hausaufgaben gestellt?
- Gibt es Alternativen/Puffer, falls die Zeit nicht reicht oder zu lang ist?
- Ist alles fehlerfrei geschrieben?
- Ist die Lerngruppe einbezogen?
- Haben die Schüler Raum für eigenständiges Arbeiten?

F wie Fachleiter

Auf dem Weg zwischen dem Klassenzimmer, in dem gerade deine Besuchsstunde stattgefunden hat, und dem Konferenzraum für die anschließende Besprechung schießen dir tausend Dinge durch den Kopf. Der Gedanke daran, dass der Fachleiter unzufrieden sein könnte, treibt dir den Schweiß ins Gesicht. Aus seinem Pokerface konntest du bis jetzt noch nichts ablesen. Du betrittst den Raum, setzt dich und gießt dir mit zittrigen Händen einen Kaffee ein. Als das Gespräch endlich beginnt, wird dir klar, dass du dich ganz umsonst gesorgt hat. Das Gespräch mit dem Fachleiter verläuft ganz entspannt und er reißt dir auch nicht den Kopf ab.

Es gibt genauso viele Arten von Fachleitern, wie es Lehrer gibt. Als Referendar sind sie wichtige Ansprechpartner und Prüfer zugleich. Das bedeutet, dass man sich auf sie einstellen muss. Und auch, dass man Glück und Pech haben kann. Zunächst aber noch ein wenig Hintergrundwissen zu der Person des Fachleiters.

Die Gründe, Fachleiter zu werden, sind vielfältig. Meist sind es erfahrene Lehrer, die – neben den eigenen Schülern – gerne anderen, lernwilligen Menschen etwas beibringen wollen – also den Referendaren. Des Weiteren wird ihnen die Zeit, in der sie mit Referendaren am Seminar arbeiten, vom Unterrichtspensum erlassen. Sie müssen also weniger unterrichten. Das zu wissen, macht so manches deutlich.

Fachleiter sind bei ihrer Bewertung beeinflusst von ihrer persönlichen Ansicht, was guten Unterricht ausmacht. Das kann unterschiedlich sein. Auch wenn du deshalb noch lange nicht nur das tun solltest, was dem Fachleiter gefallen könnte, solltest du dennoch genau schauen, wo sein Schwerpunkt liegt.

Sicherlich weiß ein guter Fachleiter um seine eigenen Stärken und Schwächen und lässt auch Zugangsweisen zu, die er selbst nicht gerne anwendet. Deshalb müssen sie ja nicht per se schlecht sei.

In den Besuchsstunden (➪ Besuch) lernst du schnell, wie der Fachleiter tickt. Hilfreich sind auch die ausgegebenen Materialien, die der Fachleiter dir und den anderen Referendaren zukommen lässt. Und genau wie ein Lehrer ist ein Fachleiter dazu da, Fragen zu beantworten. Frage einfach nach, wenn du nicht sicher bist, welche Meinung er zu einem bestimmten, den Unterricht, die Didaktik oder die Methodik betreffenden Thema hat.

Wenn du dadurch erfährst, dass der Fachleiter einem bestimmten Konzept besonders kritisch gegenübersteht, kannst du immer noch überlegen, ob es sich für deine Lehrprobe anbietet.

Dennoch ist davon abzuraten, dem Fachleiter nach dem Mund zu reden. So wichtig es auch ist, seine Lieblingsmethoden und Überzeugungen zu kennen, so wichtig ist es auch, unabhängig zu bleiben. Solange du alles didaktisch, methodisch und inhaltlich begründen kannst, kannst du tun, was du magst.

G wie Gruppendruck

Manchmal reicht ein klitzekleiner Auslöser, um die eben noch entspannte Unbesorgtheit in panischen Stress zu verwandeln. Stell dir vor, du sitzt in der Kennenlernstunde im Seminarraum, warst eben noch guter Dinge und plötzlich erkundigt sich der Kollege mit dem zweifachen Doktor in Literaturwissenschaften, der nun doch das Referendariat antritt, direkt als Erstes nach den Lehrproben. Der Nächste hat irgendeine katastrophale Information im Internet gelesen, mit der er nun unbedingt alle verunsichern muss. Dann spricht einer noch die wichtige Nachricht an, von der wohl noch nicht alle gehört haben: Es wurde etwas an der Lehrprobenordnung geändert. Oder war das doch nur ein Gerücht? Und auf einmal merkst du, dass du irgendwie nicht mehr ganz so gelassen bist.

Oder du hörst den Bericht einer Besuchsstunde: Jemand hat ein ganzes Auto aus Holz nachgebaut. In einer Unterrichtsstunde, in Originalgröße natürlich ... Kann man die Latte noch höher legen?

Um diesem Vergleichsdruck zu entgehen, haben sich manche Referendare angewöhnt, bei der Frage nach dem Ausgang der Besuche und Lehrproben mit folgender Standardphrase zu antworten: Ich bin zufrieden!

Das kann so ziemlich alles bedeuten. Vor allem zeigt man damit aber, dass man sich nicht dem ewigen Vergleich unterwerfen will. Denn dieser kann unnötigen Stress verursachen.

Im Studium war es noch so, dass die Prüfungen relativ weit auseinanderlagen. Insofern wurde man nicht ständig damit konfrontiert, wie gut oder schlecht andere abgeschnitten haben. Das ändert sich im Referendariat. Man hört ständig Geschichten von anderen Referendaren, bei denen alles schrecklich läuft, und leidet mit. Oder man hört, wie toll alles klappt, und neidet mit. Irgendwas ist immer.

Für viele Referendare ist demnach weder die laute, unkonzentrierte Klasse noch der strenge Fachleiter das wirkliche Problem. Meist sind es die Mitreferendare, die einen unter Druck setzen, auch wenn es gar nicht ihre Absicht ist.

Eigentlich ist die gemeinsame Reflexion von Unterrichtssequenzen ein sehr nützlicher Teil der Ausbildung, zumindest solange der Austausch konstruktiv verläuft. Hier kann man gemeinsam Handlungsmöglichkeiten besprechen und sich Tipps geben und helfen. Wer dabei aber vorgibt, dass immer alles prima läuft, hilft weder sich noch den anderen.

Leg ruhig die Karten auf den Tisch und erzähle von den Misserfolgen. Denn auch wenn es manchmal schmerzt, ergeben sich so wichtige Impulse für Verbesserungen.

Genauso wichtig ist es, daran zu denken, dass die Stärken und Schwächen von Referendaren eben ganz unterschiedlich sind. Jemand hat ein Holzauto gebaut? Schön und gut. Aber dafür kannst du vielleicht Zusammenhänge besonders bildhaft erklären und tolle, ausgefeilte Arbeitsblätter erstellen. Oder du hast den richtigen Humor, um die Lernatmosphäre aufzuheitern.

Nicht, dass wir uns falsch verstehen: Es geht nicht darum hervorzuheben, in was du nun besonders gut bist. Es geht darum, die Dinge etwas zu relativieren.

Vielleicht gibt es Schreckensgeschichten. Aber vielleicht wurde auch die Hälfte weggelassen oder dazuerfunden. Vielleicht hat einer eine perfekte Stunde gehalten, dafür sollte man ihn beglückwünschen. Aber das macht einen selbst nicht zum schlechten Referendar, nur weil man noch nicht so weit ist oder sich bisher noch nicht aus der Deckung getraut hat.

H wie Hospitation

Während du zu Besuch im Unterricht eines anderen Lehrers bist, besteht deine Aufgabe darin, zu beobachten, was währenddessen passiert. Doch als der Lehrer eine bestimmte Frage stellt, merkst du, wie sich plötzlich dein Arm hebt und du mit dem Finger schnippst. Als der genervte Lehrer dich endlich drannimmt, sprudelt die Antwort auf die Frage, die der Klasse gestellt wurde, aus dir heraus. Danach herrscht peinliche Stille.
Oder das Gegenteil ist der Fall. In der Klasse ist es viel zu still und plötzlich ist ein dumpfes Schnarchen zu hören. Das Thema, um das es gerade geht, fandest du schon damals in der Schule langweilig und auch Jahre später schaffst du es nicht, wach zu bleiben. Du schläfst, überwältigt vor Langeweile, bei der Hospitation ein.

In beiden Fällen liegt das Problem darin, dass der Referendar, ohne es zu wollen oder zu reflektieren, in die Rolle des Schülers driftet. Das führt dazu, dass man entweder unbedingt mitreden will, weil man ja alles weiß, oder aber, dass es aus demselben Grund langweilig wird.

Dabei ist die Hospitation von Stunden, wenn man es richtig angeht, enorm hilfreich für den eigenen Unterricht. Man kann nicht nicht lernen. Es kommt aber darauf an, dass man den Fokus verändert. Und das bedeutet als Erstes: Die Inhalte sind absolut zweitrangig.

Anders gesagt: Es geht nicht um das Was, sondern um das Wie. Wenn du es schaffst, in einer Hospitation ein bis zwei Elemente des Unterrichts zu erfassen und dich nicht durch das eigene Wissen oder die zahlreichen Beobachtungen abzulenken, kannst du viel lernen. Auch dann, wenn du den Unterricht gewöhnlich für sehr langweilig halten würdest.

Wenn sich also einer deiner Mitreferendare darüber beschwert, dass Hospitationen nichts bringen, dann liegt das eher selten an den Stunden. Du kannst dir für die Hospitation einen Fragenkatalog zusammenstellen, der dich sicher weiterbringt. Und es kann dich davor bewahren, in die Schülerrolle zu verfallen. Hier einige Beispiele:

- Wie und wo steht der Lehrer in der Klasse?
  Welchen Effekt hat das?
- Wie laut oder leise ist es in der Klasse?
  Wo sind Unruheherde? In welchen Phasen gibt es Veränderungen?
- Wie fragt der Lehrer? Wen nimmt er dran?
  Nach welchem Muster?
- Wie spricht der Lehrer? Wie nutzt er seine Stimme?
  Zu welchen Zeiten verändert er sie?
- Wie ist die Stunde aufgebaut? Gibt es Höhepunkte?
  Gibt es Pausen?
- Wie viele Schüler beteiligen sich? Wann?
  Was machen die anderen?
- Wie ist der Inhalt aufbereitet?

I wie Inspiration

Wir befinden uns mitten im Referendariat. Es gibt viel zu tun. Du sitzt oft am Schreibtisch. Manchmal tust du etwas, manchmal nicht – oder zumindest nichts, was direkt sichtbar ist. Es ist mehr ein Warten und Beten, ein Starren gegen die Wand, in der Hoffnung, dass sich der Knoten löst und sich eine wunderbare, großartige Idee von der Raufasertapete löst. Meistens tut sie das nicht. So verbringst du, der verzweifelte Referendar, die Zeit im Internet, um entweder festzustellen, dass alle anderen viel bessere Ideen haben als du selbst oder dass du plötzlich bei der fünfzehnten Folge irgendeiner Serie angekommen bist. Am Staffelende holt dich das schlechte Gewissen dann endgültig ein.

Die Suche nach der Inspiration lässt Referendare zumindest für die ein bis zwei Jahre ihrer Ausbildung nachempfinden, wie sich verzweifelte Autoren fühlen müssen, die in einer Schreibblockade feststecken. Doch wenn man es geschafft hat, diese zu überwinden, fühlt es sich richtig gut an. Der erste Entwurf (⇨ Entwürfe) einer Stunde ist geschafft! Im besten Falle eine, bei der die Schüler schon zu Beginn staunen, lächeln oder zumindest nicht gelangweilt aus dem Fenster starren. Inspiration ist aber nicht alles. Und das kann gar nicht genug betont werden.

So sehr Schüler sich darüber freuen, wenn sie ein „cooles" Rap-Lied im Unterricht hören oder der Lehrer mit einer Verkleidung in eine Geschichtsepoche einsteigt: Viele Stunden funktionieren wunderbar, auch ohne viel Chichi.

Es ist vielmehr so, dass die ständige Suche nach Inspiration Druck aufbaut (⇨ Gruppendruck), der kontraproduktiv ist. So paradox es klingen mag: Die besten Quellen der Inspiration liegen dort, wo man sie nicht vermutet, also an jenen Orten, an denen man es als Referendar schafft, einmal nicht an die Schule zu denken.

Solange du also Sport machst, vielleicht hin und wieder einen guten Wein trinken gehst oder andere Unternehmungen in Angriff nimmst, hast du zwar scheinbar weniger Zeit, lebst dafür aber entspannter. Und das ist so wichtig, dass man es gar nicht oft genug betonen kann.

Wenn du aber tatsächlich einmal unter Zeitdruck eine gute Idee benötigen solltest, gibt es diverse Möglichkeiten, wo du dir Inspiration holen kannst. Neben Facebook-Gruppen, wo du (öffentlich) auf viele hilfsbereite Menschen triffst, bietet sich eine Suche in Lehrerblogs an. Einfach das Thema und das Stichwort „Blog" oder „Lehrer" googeln. Da die meisten Lehrer, die bloggen, kein Geld dafür verlangen, finden sich hier oft schöne Ideen, die allgemein zugänglich sind (z.B. http://bobblume.de/). Professionelle und für Referendare meistens kostengünstiger kann man auch bei Lehrerfachverlagen Inspiration und Materialien finden.

Ansonsten bietet es sich immer an, Leute nach Ideen zu fragen, die mit Unterrichtsplanung nichts am Hut haben. Die Impulse, die man dort bekommt, sind nämlich oft alles andere als unbrauchbar.

J wie Jeden mitnehmen

Für den ersten Impuls zu Beginn des Unterrichts hast du fünf Minuten eingeplant. In der fünften Klasse geht es darum, die eigenen Gedanken und Gefühle zu einem besonderen Erlebnis aufzuschreiben. Dann die Frage: „Sollen wir den roten oder den blauen Stift nehmen?" Nach der Antwort: „Ich habe aber kein Blau." Ein anderer: „Unser Klassenlehrer hat gesagt, Blau dürfen wir nur in seinem Fach nehmen." Etwas verzweifelt sagst du: „Gut, dann nehmt irgendeine Farbe." Die Reaktion folgt prompt: „Cool, dann nehme ich Gelb." Kurz bevor du einen Nervenzusammenbruch erleidest, klingelt die Glocke. Schweißgebadet verlässt du die Stunde. Immerhin ist für die nächste Stunde geklärt, welche Farbe genommen wird. Hoffentlich.

Die Heterogenität in den Klassen macht sich nicht erst nach der Grundschulempfehlung bemerkbar.
Es ist offensichtlich, dass sie zu Recht in jedem Unterrichtsentwurf (➪ Entwürfe) erwähnt wird. Es bedeutet, dass die Aufnahme-, Wahrnehmungs- und Lernfähigkeit so unterschiedlich ist, dass, wenn die einen die Aufgabe fertig haben, die anderen gerade erst anfangen, den Stift auszuwählen.

Die viel beschworene Binnendifferenzierung soll dabei helfen, allen gerecht zu werden, also Aufgaben oder gar ganze Themen auf unterschiedliche Art und Weise und mit einem unterschiedlichen Schwierigkeitsgrad anzulegen, der es allen möglich macht, zu partizipieren. Das ist aber einfacher gesagt als getan.

Für den Anfang ist es gut, wenn man auf seinen Arbeitsblättern – sofern man diese benutzt – eine Expertenfrage stellt. So können die stärkeren Schüler sich an ihr abarbeiten und die schwächeren haben nicht das Gefühl, dass sie hinterherhängen. Wie diese Expertenfragen aussehen müssen, ist natürlich sehr fach- und klassen- bzw. jahrgangs-
abhängig. Meist ist es für Schüler schwierig, etwas Gelerntes anzuwenden, also ein neues Problem mit der

erlernten Methode zu begreifen. Solche Transferaufgaben bieten sich als Expertenaufgaben an.

Eine wichtige Aufgabe zu Beginn der Ausbildung ist die Anpassung des Stoffes an die Fähigkeiten der Schüler. Dafür eignen sich anfängliche Feedbackzettel oder kleinere Kompetenztests, damit man weiß, auf welchem Niveau die Klasse oder Stufe ist. Oder du fragst nach den ersten Stunden einfach direkt nach, wie die Schüler mitkommen (➪ Transparenz).

Als Leitfaden zum Abfragen der abstrakten Kompetenzen bieten sich die unterschiedlichen Bildungspläne der Länder an. Diese Kompetenzen in konkrete Unterrichtsmaterialien zu überführen und den Stoff auf ein Mindestmaß zu reduzieren, ist dann jedoch weiterhin die große und spannende Aufgabe des Referendars. Unterrichtskonzepte, bei denen jeder Schüler an etwas arbeiten kann, was ihm besonders viel Spaß macht, sind aufwendig, aber lohnenswert und ein spannendes Arbeitsfeld.

K wie Klassen

Du kommst ins Lehrerzimmer. Aus der Küche sind wehleidige Stimmen zu hören. Es stellt sich heraus, dass dort ein Kollege über eine ganz und gar unmögliche Klasse klagt. Sie ist laut, leistungsschwach und keiner hört zu. Und überhaupt: Der Kollege hatte schon viele schlimme Klassen, aber diese übersteige in der Unfähigkeit, sich Themen anzueignen, seine bisherige Vorstellungskraft. Nachdem du leise nachfragst, um welche Klasse es sich handelt, bist du kurz erstaunt. Es ist die Klasse, in der du Klassenlehrer bist. Aber die Schilderungen haben nichts mit dem gemein, wie du sie kennengelernt hast. Wer hat denn nun recht?

Um es gleich vorweg zu sagen: Es geht nicht darum, wer Recht hat oder nicht. Denn nicht nur die Klasse selbst, sondern auch die Wahrnehmung des jeweiligen Lehrers von der Klasse kann sehr unterschiedlich sein. Was der eine noch als ruhiges Arbeiten empfindet, ist für den anderen schon viel zu laut. Ein Reinrufen ist für den einen unmöglich, für den anderen leicht entschuldbar.

Man muss sich bewusst sein, dass Klassen aus sehr unterschiedlichen Persönlichkeiten bestehen. Dort sitzen junge Menschen, die ihren Platz in der Welt noch nicht gefunden und ganz unterschiedliche Vorlieben, Interessen und Probleme haben. Sie müssen lernen, miteinander auszukommen, und das jeden Tag aufs Neue. Und dann kommst auch noch du dazu, eine Person, die versucht, Zugänge zu Themen zu vermitteln, die viele vielleicht (zu Beginn) gar nicht interessieren.

Das entschuldigt natürlich nicht eine enorm laute Klasse und es bedeutet auch nicht, dass man alles so lassen sollte, wie es ist. Man muss sich aber dieses Hintergrunds bewusst sein, um zu verstehen, wo die Ursachen dafür zu suchen sind.

Oft profitierst du als Referendar anfangs von einem Bonus. Du bist jung, aktiv, innovativ und gut vorbereitet. Das hält meist so lange an, bis du die ersten Noten (⇨ Notengebung) vergeben hast und die Schüler merken, dass du doch auf der anderen Seite des Pults stehst und auch „der dunklen Seite der Macht" angehörst.

Eine weitere wichtige Erkenntnis ist, dass die Unruhe vielleicht auch darauf zurückzuführen ist, dass dein Fach einfach für viele nicht das Lieblingsfach ist. Natürlich musst du dich hinterfragen (➪ Reflexion) und Rückmeldungen ernst nehmen (➪ Kritik). Aber du kannst gelassener werden, wenn du im Hinterkopf behältst, dass man nicht alle mit der gleichen Begeisterung erreichen kann. Wenn es gelingt, ist das großartig! Wenn nicht, geht es dir so wie vielen anderen Lehrern auch.

K wie Kritik

Das Geräusch des Kaffees, der in die Tasse fließt, erfüllt als einziges den Raum. Die Spannung steigt. Gerade warst du noch in der Rolle des Lehrers, nun sitzt du der Person gegenüber, die dir Rückmeldung geben wird, und du befindest dich, ohne es zu wollen, wieder in der Rolle des „Schülers". Deine Leistung wird bewertet und du würdest dich am liebsten verstecken oder lang und breit erklären, warum alles eigentlich ganz anders hätte laufen müssen. Das ist aber ungefähr genauso hilfreich wie die Geschichte über den Hund, der die Hausaufgaben gefressen hat.

Es führt kein Weg daran vorbei, die eigenen Fehler, die eigenen Unzulänglichkeiten zu analysieren. Vielleicht hast du gerade einen Unterrichtsbesuch (⇨ Besuch) hinter dir oder vielleicht schon die Lehrprobe (➪ Lehrprobe). Egal um was es geht, es ist immer eine enorme Herausforderung, sich den eigenen Fehlern zu stellen. Und einfach loszuheulen, weil man das Gefühl hat, nicht den Ansprüchen des Fachleiters zu genügen, ist sicher nicht die adäquate Lösung.

Kritik aushalten zu können, ist für das Referendariat essenziell wichtig. Mehr noch: Kritikfähigkeit ist für das gesamte Leben unabdingbar. Doch die Versuchung, sich herauszureden und für alles eine Begründung zu haben, kann verlockend sein, da man als Student sicher schon gelernt hat, sehr eloquent und umfangreich zu erläutern, warum dieses oder jenes nicht funktioniert hat. Und die Schule ist voll von Ausreden – damit sind nicht nur die Schüler gemeint. Man kann immer sagen, dass die Klasse einen schlechten Tag hatte, das Wetter zu drückend oder zu heiß war, dass zuvor ein Test geschrieben wurde oder ein unausgegorener Konflikt schwelte, als man gerade in der Klasse war. Das mag auch alles stimmen und ein Grund für eine problematische Stunde sein. Aber wenn du versuchst, den wirklichen Grund herauszufinden, lernst du schneller und wirst besser.

Deshalb ist es wichtig, genau hinzuhören und nicht den Fehler zu machen, alles persönlich zu nehmen. Nur

weil du es noch nicht beherrschst, sicher vor der Klasse zu stehen, bist du noch lange keine schlechte Person. Nur weil du die Impulsfrage im Unterricht nicht richtig gestellt hast und für einen Moment Stille herrschte, heißt das nicht, dass du dein Fach nicht beherrschst. Wenn man offen für Kritik ist,
sei es vom Fachleiter (➪ Fachleiter), vom Mentor (➪ Mentoren) oder dem Kollegen, dann eröffnet das viele Chancen, das eigene Handeln zu hinterfragen (➪ Reflexion) und – ganz platt gesagt – ein besserer Lehrer zu werden.

Du musst nicht alles annehmen, was du zu hören bekommst. Genau wie sich die Geschmäcker unterscheiden, unterscheiden sich auch die Unterrichtsstile. Doch der Blick von außen, den die anderen auf die Situation haben, ist sehr wertvoll. Zuhören, wichtige Punkte aufschreiben und ausprobieren ist ein guter Ansatz. Das gilt auch für die enorm wichtige Kritik seitens der Schüler, die man z. B. über Feedbackbögen einholen kann. Auch hier gilt: Man muss lernen, sie richtig einzusetzen. Wenn man die Vorteile erkennt, kann man nur besser werden. Und gelassener ...

L wie Lehrproben

Frodo quält sich den Berg hinauf. Der goldene Ring an der Kette um seinen Hals schnürt ihm die Luft ab. Sein Freund Sam trägt ihn die letzten Meter bis zum Krater. Mit allerletzter Kraft schafft er es, den Ring in die Lava zu schmeißen.

Beim Ende von „Herr der Ringe" könnte es auch um den heiligen Gral des Referendariats gehen: die Lehrprobe. Jene Prüfung, die vielen Lehrern selbst nach Jahrzehnten in Erinnerung geblieben ist. Wird die Frage danach in der ersten Stunde im Seminar gestellt, kann man sehen, wie alle vor Furcht vor Mordor zittern.

Das Wichtigste gleich zu Beginn: Lehrproben sind für den Anfang total unwichtig! Wenn du dich zu früh mit Dingen beschäftigst, die erst später relevant sind, ent-

ziehst du dir unnötig Energie, die du für anderes brauchst.

Warum aber wird die Lehrprobe überhaupt von so vielen gefürchtet?

Wenn man das erste Staatsexamen oder eine ähnliche Prüfung abgelegt hat, ist man bereits mit vielen Prüfungssituationen vertraut. Schriftliche, mündliche, unwichtige und solche, bei denen man das Gefühl hatte, dass es um alles geht. Meistens konnte man sich darauf verlassen, die Situation unter Kontrolle zu haben. Natürlich wusste man nicht genau, welche Aufgabenstellung drankam, doch der Rest hing letzten Endes davon ab, wie gut man sich vorbereitet hatte. Das ist bei der Lehrprobe anders.

In der Lehrprobe stehst du rund 20 pubertierenden Jugendlichen gegenüber, die man fundiert belehren soll, während am anderen Ende des Klassenraums ein oder mehrere Prüfer (⇨ Fachleiter) sitzen, die jede einzelne Bewegung verfolgen und sogar mitschreiben. Das Schwierige: Ein großer Unterschied zur Examensprüfung ist, dass man so tun muss, als wäre keine Prüfung. Ein Widerspruch, den viele als großen Druck wahrnehmen. Im Examen kannst du dein Pokerface aufsetzen. In der Lehrprobe aber musst du weiterhin glaubwürdig für die Schüler wirken und dich so verhalten, wie sie es von dir außerhalb der Prüfungssituation gewöhnt sind. Also motiviert, humorvoll und zugänglich. Und eben nicht, als würdest du gerade am liebsten wegrennen.

Das Gelingen der Lehrprobe hängt von vielen Faktoren ab, wie z.B. Fach, Klasse und auch äußeren Umständen. Daneben gibt es formelle Anforderungen, die während der Ausbildung vermittelt werden. Am meisten kannst du jedoch beeindrucken, wenn du es schaffst, auch während der Prüfung den Fokus auf der Arbeit und dem Umgang mit den Schülern zu behalten. Versuche, die Prüfer oder Fachleiter so weit wie möglich zu ignorieren.

Dann kann auch nichts schiefgehen. Also wirklich nichts! Denn wenn der kleine Lukas tatsächlich Nasenbluten bekommen sollte, während man gerade etwas erklärt, dann hat das Priorität. Man kümmert sich um den Kleinen und nimmt den ursprünglichen Verlauf der Stunde danach wieder auf. Die Situation wird hinterher reflektiert (⇨ Reflexion) und alles ist gut. Natürlich ist klar, dass du ein Problem haben würdest, wenn du einfach weitermachen und Lukas seinem Schicksal überlassen würdest.

Abschließend lassen sich folgende wichtige Punkte festhalten.

Du solltest mit der Vorbereitung früh genug fertig werden, um in der Nacht zuvor ausreichend Schlaf zu bekommen.

- Die Materialien und der Entwurf sollten zweifach Korrektur gelesen werden.
- Die Schüler sind zu jedem Zeitpunkt das Wichtigste!
- Du musst nicht das Rad neu erfinden!

- Dennoch solltest du keine 08/15-Stunde hinlegen, sondern dich um begründbare Zugangsweisen bemühen.
- Versuche nicht, die Stunde im Vorfeld exakt zu üben. Es wird am Ende sowieso alles anders kommen.
- Du kannst darauf vertrauen, dass die Schüler dir helfen!

Wenn du ausgeschlafen und selbstsicher in die Klasse gehst und dich auf den eigentlichen Unterricht konzentrierst, schaffst du es vielleicht sogar, ein wenig Gelassenheit in die Lehrprobe zu bringen.

M wie Mentoren

Was braucht ein dynamischer, motivierter, vorlauter, selbstbewusster Referendar am meisten? Genau! Einen ebenso dynamischen, motivierten, vorlauten und selbstbewussten Mentor! Und was bekommt er? Einen gemütlichen, in sich gekehrten, stillen und vorsichtigen Mentor, bei dem ihn schon der weiche, frohmütige Blick zweifeln lässt.

So oder ähnlich fangen die Horrorgeschichten an, in denen sich Mentor und Referendar nicht verstanden haben. Das damit aber noch nichts über die Qualität der Person als Mentor gesagt ist, wird weggelassen (um die Dramatik nicht abzuschwächen). Vielleicht kümmert sich aber gerade dieser Mentor besonders gut um seinen Schützling und ist jederzeit ein verlässlicher Ansprechpartner. Dabei ist es egal, ob er denselben Stil hat oder nicht. Der Job des Mentors ist es, dem Referendar Hilfestellungen zu geben (➪ Kritik), dabei zu helfen, die Stunden einzuordnen, (➪ Reflexion) und Möglichkeiten aufzuzeigen, wie man sich verbessern kann. Er ist Lehrer an der Schule, der man zugeordnet ist, und kennt sich dementsprechend aus. Für diese Aufgabe bekommt er meistens etwa eine Stunde auf das Lehrdeputat (die Stundenanzahl, die ein Lehrer in der Woche hält und vorbereitet) angerechnet.

Es ist außerdem gut zu wissen, dass der Mentor beim Schulleitergutachten am Ende des Referendariats ein gewichtiges Wort mitreden darf. Ihm gut zuzuhören, ist also sicher nicht verkehrt. Oft bringt er einiges an Erfahrung mit und weiß, wo die Stolpersteine des Lehrerberufs und auch des Einstiegs in diesen liegen.

Als Referendar sitzt du hin und wieder zwischen den Stühlen. Auf wen sollst du hören, wenn Mentor, Schulleiter und Fachleiter (➪ Fachleiter) deinen Unterricht, den sie gerade besucht haben(➪ Besuch), komplett unterschiedlich bewerten?

Es bleibt für dich zu hoffen, dass keiner dieser drei für den Referendar wichtigen Personen so dogmatisch ist, dass er nichts anderes akzeptiert als seine eigene Auffassung. Dennoch: Der Mentor weiß in den meisten Fällen am besten, wie du den Unterricht realistisch verbessern kannst. Der Fachleiter wiederum kann dir sagen, wie du den Unterricht so gestaltest, dass er lehrprobengerecht ist. Da gibt es durchaus Unterschiede.

Vor dem Besuch des Schulleiters (⇨ Schulleitung) musst du dich am wenigsten fürchten. Hier geht es meist nicht um didaktische Kniffe oder neue Methoden (⇨ Methoden). Der Schulleiter möchte sehen, ob du generell mit Schülern umgehen kannst. Um hier gut dazustehen, kann wiederum der Mentor sehr hilfreich sein.

M wie Methoden

Vier Schüler sitzen an einem Tisch vor einer Aufgabe. Einer liest den Text. Ein anderer starrt aus dem Fenster. Der Dritte redet gemeinsam mit dem Vierten über die neuen Pokémon-Karten. Nach einer Weile wird es dem ersten zu bunt – die anderen sollen auch mal was machen! Der Fenstergucker fragt nun endlich nach, was überhaupt das Thema ist. Die beiden Kartentauscher gucken sich fragend an und können nicht weiterhelfen. Irgendwas mit Pokémon…? Du hast die Szene vom Pult aus beobachtet und fragst dich leicht verzweifelt, ob das Gruppenpuzzle die richtige Wahl war.

Wenn man in den mittlerweile unter Referendaren gut bekannten Facebookgruppen wie z. B. „Referendariat: Tipps, Tricks und Anregungen" (https://www.facebook.com/Referendariatsseite/), oder „Referendariat – Selbsthilfegruppe“ (https://www.facebook.com/groups/614545875236454/) nach einer Methode fragt, wird man mit Antworten schier erschlagen. Das kann für eine große Bandbreite an unterschiedlichen Herangehensweisen und Impulsen sorgen. Das kann aber auch frustrieren, weil man vielleicht selbst nicht auf die Idee gekommen ist (➪ Gruppendruck). Mit anderen Worten: An der Vielzahl an Methoden mangelt es nicht. Woran es oft mangelt, ist die Fähigkeit, diese auch funktional, d.h. dem Gegenstand angemessen einzusetzen.

Was bedeutet das konkret? Man kann sich die Didaktik als den Rahmen vorstellen und die Methoden als die Wegmarkierungen, die innerhalb dieses Rahmens für das Erreichen des Ziels sorgen. Das bedeutet aber, dass man das Ziel kennen muss.

Es gibt Methoden, die leicht verständlich sind und deshalb immer wieder gerne eingesetzt werden. Zum Beispiel die Vier-Ecken-Methode, bei der die Schüler in die vier Ecken des Raums gehen, um sich einer Meinung anzuschließen und sich darüber auszutauschen. Doch wenn du die Methode nur aufgrund ihrer Leichtigkeit auswählst, ohne zu bedenken, ob sie zum Unterrichtsgegenstand passt, ist das der falsche Weg. Die

Methode kann erst dann ausgewählt werden, wenn man weiß, was die Schüler lernen sollen und mit welchen Lerngegenständen – also z. B. bestimmten Texten – dies geschehen soll.

Alles muss hinsichtlich der Lernleistung der Schüler oder eben einer Prüfungssituation angemessen begründet werden (⇨ Entwürfe). Das wird schwierig, wenn du die Methode ausgewählt hast, weil sie dir so schön einfach erschien.

Anders ist es, wenn du zuerst darüber nachdenkst, was du eigentlich erreichen willst (das kann länger dauern, nicht verzweifeln). Wenn du dann in einem nächsten Schritt die Kompetenzen formulierst und den Unterricht (⇨ Unterricht) strukturierst, kannst du im letzten Schritt eine genau an diesen Unterricht angepasste Methode auswählen.

N wie Netzwerken

Wie fern kommen einem doch die Zeiten vor, in denen man die meisten Telefonnummern noch auswendig wusste, sich im Vorfeld zu einem bestimmten Zeitpunkt fest verabredet hat und Artikel, die in einer Zeitschrift standen, wirklich informieren und nicht nur Leserzahlen nach oben treiben sollten. Nun sind die Nummern gespeichert, die Treffen werden über WhatsApp ausgemacht und ständig verschoben und es gibt Tausende Blogs, Websites und Plattformen von Verlagen und Privatpersonen, die alle um die Gunst der Referendare buhlen. Wie soll man da den Überblick behalten und entscheiden, wer nun die wirklich relevanten Informationen bietet? Der ein oder andere hat hier vielleicht schon ans Aufgeben gedacht.

Die meisten von uns sind heute in verschiedenen Netzwerken unterwegs und nutzen sie auf unterschiedliche Weise. Im Bereich Lernen und Bildung ist dem ein oder anderen vielleicht schon der Begriff PLN (Personal Learning Network) untergekommen. Für deine Arbeit als zukünftiger Lehrer kann dir das eine gute Stütze sein. Bei diesem Netzwerk geht es darum, in interessanten Medien und (sozialen) Netzwerken zu stöbern, für dich relevante Informationen und Experten zu finden und diesen zu folgen und dich mit ihnen auszutauschen. Das können z.B. Kanäle wie Twitter oder Blogs zu speziellen Themen sein. Dort findest du zahlreiche Anregungen und Antworten auf deine Fragen. Im besten Fall wird man vom passiven Konsumenten zum Produzenten eigener Inhalte, von denen auch andere profitieren.

Nun ist es natürlich so, dass du im Referendariat sowieso schon sehr viel zu tun hast. Und die Frage „Was soll ich denn noch alles machen?" ist durchaus berechtigt. Dennoch ist der langsame Aufbau eines Lernnetzwerks im oder auch schon vor dem Referendariat von sehr großem Wert. Der Mehrwert liegt darin, dass du dich mit erfahrenen Menschen austauschen und von ihrem Wissen profitieren kannst. Ob du nun dem Autor dieser Zeilen eine Frage stellen möchtest,

beim Verlag nachfragst, welches Angebot sie für Referendare haben, oder einem aktiven Lehrer auf Twitter (z.B. @blume_bob) folgst und dich dort mit ihm über eine Idee für einen Einstieg austauschst – die digitalen Wege sind kurz. Und die Community bietet Wertschätzung und positiven Zuspruch, den man gerade in schwierigen und anstrengenden Zeiten (➪ Lehrprobe) sehr gut ge-
brauchen kann. Der Aufbau eines Lernnetzwerks ist definitiv eine sinnvolle Investition in deine Zukunft.

N wie Notengebung

Mit strahlenden Augen teilen dir deine Schüler nach ein paar Wochen mit, dass du supergenialen Unterricht machst, dass sich alle auf dich freuen und dass du überhaupt der beste Lehrer bist, den man sich vorstellen kann. Diese Lobeshymne kann sich jedoch ganz schnell ändern, wenn der Tag der Notenvergabe ansteht. Der Tag, an dem sich die Augen verdunkeln, weil du übergewechselt bist in das Lager des Feindes. Der Tag, an dem du die unaussprechliche Frechheit besitzt, die ersten Noten bekanntzugeben. Kein freundliches Wort mehr, sondern echauffiertes Missachten. Das Herz des kleinen Referendars zerspringt – bildlich gesprochen – in tausend Zahlen.

Noten geben macht selten Spaß. Natürlich würde es das, wenn man nur die allerbesten Noten geben würde. Allerdings ist dies auf vielen Ebenen unangemessen und würde das Berufsethos verraten. Im Referendariat lernt man, auf welcher Grundlage man Noten erteilen kann, welche Ansprüche Arbeiten haben müssen und worauf man bei den mündlichen Noten und Zusatzleistungen achten muss.

Worüber oft nicht gesprochen wird, ist die Wirkung, die Noten haben. Viele Schüler sehen eine Note nicht als bloße Zensur für eine Leistung, sondern als Bewertung ihrer gesamten Person. Insofern kann eine schlechte Note einen Schüler kränken. Man sollte jedoch nicht den Fehler machen und deshalb bei der Benotung zu weich werden.

Es geht aber auch nicht darum, übermäßig streng zu sein. Wenn man unsicher ist, bietet es sich an, mit Kollegen Arbeiten auszutauschen (➪ Zusammenarbeit). Auf diese Weise wird man sicherer und kann die zusätzliche Einschätzung in schwierigen Fällen auch als weitere Begründung angeben (➪ Transparenz). In einigen Fällen kann es sogar so weit kommen, dass Eltern eine Erklärung einfordern oder versuchen, Einfluss zu nehmen. Hier kann auch die Rücksprache mit dem Mentor (➪ Mentoren) weiterhelfen. In letzter Instanz sollte die Schulleitung eingebunden werden. Noten sind ein heikles Thema, da sie versetzungsrelevant sind. So oder so hilft es den Schülern jedoch nicht weiter, sie mit falschen Vorstellungen in die nächste Klassenstufe zu entlassen.

Für Schüler ist es immer gut, wenn sie wissen, worauf man in schriftlichen oder mündlichen Arbeiten besonderen Wert legt. So kann auch der Schüler die Note besser nachvollziehen und fühlt sich hoffentlich nicht unfair benotet.

Ein wichtiger Tipp: Auch, wenn du noch am Anfang der Schulkarriere stehst, bist du dennoch Experte für dein Fach. Dieses Selbstbewusstsein kannst du ruhig zeigen.

O wie Ordnungssysteme

Dein Mentor kommt auf der Suche nach dir ins Arbeitszimmer und wundert sich. Wo ist der Referendar hin? Doch, da! Ein Haaransatz guckt zwischen Stapeln von Klassenarbeiten, Notizzetteln, Heften, Schulbüchern und To-do-Listen heraus. Man kann leise dein Schluchzen hören. Denn ohne den An-

meldezettel zur Lehrprobe kannst du nicht weitermachen. In einem Tobsuchtsanfall, der selbst den mächtigen Hulk blass aussehen lassen würde, schmeißt du alles aus dem Fenster. Unten auf der Straße freuen sich einige wenige über die kostenlose Weiterbildung.

[Un]ordnung is[s]t das halbe Leben [auf]. Und zwar mit Haut und Haar. Während es im Studium noch möglich war, wenige Stapel zu horten und in kurzer Zeit das Gesuchte zu finden, wird es bereits zu Beginn des Refe-

rendariats schwierig, wenn nicht unmöglich, ohne ein strukturiertes System klarzukommen. Das liegt daran, dass es für die vielen Materialien unendliche Kombinationsmöglichkeiten zwischen Klasse, Fach, Seminar, Kolloquien, Organisation oder Schulkunde gibt.

Ordnungssysteme sind oftmals sehr individuell und erstmals begonnene Systeme werden nach einiger Zeit wieder verworfen. Es gibt jedoch generelle Tipps, die dir dabei helfen, nicht schon zu Beginn des Referendariats in die Chaosfalle zu tappen.

Das wichtigste Utensil im Referendariat ist zweifelsfrei der Terminplaner. Und zwar im Singular. Egal, ob man lieber einen digitalen Planer hat, bei dem man Erinnerungen einstellt, oder einen analogen, in den man alles reinschreibt (als Lehrerkalender überall zu kaufen): Wichtig ist, dass man sich darauf verlassen kann, dass die Information an genau einer Stelle zu finden ist. Im Sinne der voranschreitenden Digitalisierung ist eine entsprechende App zu empfehlen, aber nicht zwangsläufig nötig.

Dasselbe gilt für Notenhefte, die oft in Kalendern integriert sind. Der Vorteil ist, dass man auch diese immer dabeihat. Digitale Notenprogramme übernehmen schnell und zuverlässig die Rechenarbeit.

Neben dem Terminplaner sind Ablagesysteme ein weiterer wichtiger Punkt. Im täglichen Umgang empfehlen sich drei Ablageflächen. Zunächst eine temporäre Mappe mit vielen Fächern – für alle Klassen und Seminarfächer. Diese sollte einmal die Woche ausgemistet werden. Hierfür bietet sich ein Hängeregister an, da das Einsortieren wenig Zeit in Anspruch nimmt. Vor Ferien oder Feiertagen kann dann der letzte Schritt gegangen werden: das Einsortieren in die Ordner. Normalerweise bieten sich hier Klassen- oder Fachordner an. Beides hat Vor- und Nachteile. Zunächst sollte man mit Klassenordnern arbeiten, da man so die Übersicht behält.

Das mag vielleicht etwas übertrieben erscheinen, aber je besser man ordnet, desto mehr Zeit hat man für alles andere. Und das ist nicht zu unterschätzen, wenn man ein gelassener Referendar und Lehrer sein möchte.

P wie Pädagogik

Es hüpft im Pullunder durch den Gang und öffnet die Tür. Alle Seminarteilnehmer schauen sich misstrauisch an. Es hüpft weiter und erklärt und erzählt. Dann bittet es die Teilnehmer aufzustehen. Sie sollen auch hüpfen. Alle heben die Arme über den Kopf und würden sie dort doch lieber zusammenschlagen oder im Erdboden versinken. Es ist der Pädagogikdozent. Während die einen peinlich berührt die Übungen machen und aussehen, als wollten sie in der Waldorfschule zum Klassensprecher gewählt werden, möchten die anderen am liebsten nur noch im Boden versinken. Hoffnung macht sich breit, dass es bald vorbei ist und es hoffentlich das letzte Mal war.

Viele Referendare haben schon mit den Augen gerollt, weil sie meinten, die pädagogischen Übungen würden nichts bringen oder sie wären einfach nicht der Typ, der mit diesem ganzen Pädagogikzeug etwas anfangen kann. Oder noch schlimmer: Sie sind davon überzeugt, dass man die ganze Theorie später sowieso nicht braucht.

Aber das ist nicht richtig. Pädagogik, und damit auch der entsprechende Kurs im Seminar, ist enorm wichtig für das spätere Gelingen. Didaktik, also die Kunst des Lehrens im eigenen Fach, wird von den Referendaren oft deshalb als viel bedeutender eingeschätzt, weil man hier ganz konkrete Beispiele erhält, wie man vorgehen kann (➪ Unterricht).

Im Pädagogikkurs hingegen lernt man, sehr grob gesagt, dass Kinder Kinder sind und nicht als Gefäße angesehen werden sollen, in die man sein Wissen hineinschüttet.

Was sich hier so klar anhört, kann sich später ganz anders anfühlen, wenn z.B. der Besuch (➪ Besuch) oder die Lehrprobe (➪ Lehrproben) ansteht. Dann sollen die Kinder gefälligst funktionieren, sodass alles so verläuft, wie man es sich am Schreibtisch ausgedacht hat.

An diesem Wunsch ist auch erst mal nichts verwerflich. Aber dann sollte man vielleicht doch auf die Worte der professionellen Pädagogen hören. Denn hier zeigen sich am deutlichsten die Unterschiede zwischen schulischem Lernen, auf das man ja vorbereitet werden soll, und universitärem Lernen.

Wenn also die ersten Referendare über Pädagogik lästern und meinen, dass man das alles sowieso nicht brauchen wird, denke daran, dass du aus allem, was du in der Ausbildung tust, wichtige Erkenntnisse ziehen kannst.

P wie Planung

Im Studium gab es immer diese Kommilitonen, die super entspannt waren und die man schon am schlurfenden Gang erkannt hat. Sie lächelten in den Tag hinein und wenn Hausarbeiten zu erledigen waren, warteten sie bis auf den letzten Drücker. Aber selbst dann schienen sie immer guter Dinge, schafften alles und konnten sich nach einigen Tagen wieder dem schönen Nichtstun widmen. Sie brauchten also weder einen Plan noch Planung.

Wer im Referendariat keinen Plan und keine Planung hat, macht es sich unnötig schwer. Gerade hinsichtlich des späteren Berufs bietet das Referendariat die Chance, sich bestimmte Strategien anzueignen. Neben den Ordnungssystemen (➪ Ordnungssysteme) gehört das Wissen dazu, wie, wann und unter welcher Voraus-

setzung man plant. Wenn nämlich später eine Vielzahl an Stunden dazukommt und man nicht weiß, wie man seine Zeit einteilt, artet es schnell in Stress aus. Und der ist in diesem Beruf pures Gift.

Beim Thema Planung kommt natürlich der Unterricht an erster Stelle. Je nachdem, wie deine Lebensumstände aussehen, solltest du dir selbst für die Planung einen festen Zeitrahmen einplanen. Wenn du kein Ende findest, kommst du in ein Hamsterrad und nebenbei werden aus sozialen Kontakten schnell entfernte Bekannte.

Für die Planung des Unterrichts ist es zudem enorm wichtig, die Prioritäten richtig einzuschätzen. Wer nur den Einstieg erstellt hat und vor allem anderen anfängt, dafür Metaplankarten auszuschneiden, verschenkt die Zeit. Erst wenn der Unterricht (➪ Unterricht) als Ganzes steht, ergibt es Sinn, sich der Umsetzung zu widmen.

Im Seminar lernst du, was es mit der Jahres- und Wochenplanung auf sich hat. Während es bei der Jahresplanung darum geht, für das Schuljahr festzulegen, wann welche Einheiten thematisiert werden (meist eher vage, denn oft kommen unvorhersehbare Ereignisse dazwischen), ist die Wochenplanung vor allem für dich selbst eine große Hilfe, um den Überblick über deine Unterrichtsstunden zu behalten.

Du kannst dir sicher sein, dass die Zeit, die du für die Planung brauchst, sehr gut investiert ist. Denn wenn du weißt, wann du dich bestimmten Themen widmest, besteht eine höhere Chance, auch Zeit für jene wichtigen Dinge des Lebens zu haben, die nichts mit dem Referendariat zu tun haben.

Q wie Qual

Wenn du nach den ersten Monaten das Lehrerzimmer betrittst, merkst du, dass auch hier der Alltag eingekehrt ist. Ein paar Kollegen kommen immer noch so früh, dass sie genug Zeit haben, um ihre gesamte Woche vorzukopieren. Der stets schläfrige Kollege sitzt in der Kaffeeküche und versucht verzweifelt, wach zu werden. Es ist sein dritter Kaffee. Und selbst am Referendarstisch schneidet keiner mehr laminierte Metaplankarten aus. Dort ist nämlich gerade ein ganz anderes Thema auf dem Tisch gelandet. Es ist Besuchs- oder Lehrprobenzeit. Das Einzige, was auffällt, sind die dunklen Augenringe, die im Laufe des Tages immer tiefer werden.

Tatsächlich erweckt es den Eindruck, dass das Referendariat für den ein oder anderen eine Qual ist. Aber woran liegt das eigentlich? Wenn man bedenkt, dass nur jene ins Referendariat gehen, die schon ein Examen hinter sich gebracht haben und wissen, wie es ist, unter Druck und eigenständig zu arbeiten, kann es doch verwundern. Das, was oftmals im Referendariat zur Qual wird und das Gefühl vermittelt, allem nicht mehr Herr zu werden, ist der Glaube an die totale Kontrolle. Doch die gibt es weder in der Ausbildung noch im Lehrerberuf. Sowohl die Kollegen als auch die Schüler in den Klassen (➪ Klassen) sind Menschen, die ihre eigenen Ziele und Gedanken haben.

Noch schlimmer ist der von vielen praktizierte Vergleichswahn (➪ Gruppendruck). Der Gedanke daran, dass das Vorbereitete nicht gut genug sein könnte, sorgt für ein ungutes Gefühl. Und obwohl der Austausch mit den anderen wichtig ist (➪ Zusammenarbeit), kann er eben auch dazu führen, dass man an sich zweifelt.

Sobald du das Gefühl hast, nicht mehr alles zu schaffen, und unter dem Stress leidest, solltest du dringend mit einer vertrauensvollen Person darüber sprechen. Denn meistens ist es der eigene Anspruch, der einen dazu verleitet, nie zufrieden zu sein und noch in der Nacht vor der nächsten Stunde darüber zu sinnieren, ob man nicht irgendwo etwas verbessern könnte (Spoiler: Man kann immer irgendetwas verbessern, aber glücklich ist, wer ein Ende findet).

Hier ein paar praktische Tipps, die man sich merken kann:

- Relativieren: Das Referendariat ist wichtig, aber wichtiger ist das eigene Wohlbefinden.
- Bewegen: Wer den Kopf frei kriegt, hat Platz für neue Ideen.
- Weggehen: Manchmal lohnt es sich, zusammen mit Menschen, die nichts mit dem Referendariat zu tun haben, an einen Ort zu gehen, der nichts mit Schule zu tun hat.
- Sich verzeihen: Jeder macht Fehler, und das ist gut so. Gute Lehrer sind immer Lerner. Und selbst wenn eine Stunde ganz danebengeht, werden es dir die Schüler verzeihen.

R wie Reflexion

Eigentlich weißt du, was du zu tun hast. Du bist vorbereitet, gehst mit breiten Schultern in die Klasse, hast einen guten Plan. Doch die Stunde wird eine absolute Katastrophe. Nichts gelingt. Aber an dir kann es nicht liegen, du bist ja super vorbereitet. Es muss an der Klasse liegen. Die war heute besonders laut. Es lag wahrscheinlich an der Mathearbeit, die sie geschrieben haben. Und Tobias hat mit Maren vorher Schluss gemacht. Zudem waren alle am Abend zuvor auf dem Schulfest. Und nebenan waren laute Geräusche zu hören. Du selbst warst nach einer Weile ganz unkonzentriert. Ist ja klar, wenn es so rundgeht.

Wer so versucht, sich aus der Verantwortung für eine Stunde zu stehlen, macht sich in einem Gespräch über seinen Unterricht verdächtig. In der Schule gibt es keinen Normalzustand. Es findet sich immer irgendetwas, das für eine Ausrede herhalten könnte. Und das wissen alle. Von daher bringt es rein gar nichts, wenn man sich in Ausreden flüchtet.
Wenn du also jemanden über seinen Unterricht erzählen hörst und dieser die Gründe für das Scheitern bei anderen sucht, solltest du das ruhig hinterfragen.

Reflexionsfähigkeit ist wichtig und wird in der Schule immer und überall gebraucht. Sie geht einher mit der Fähigkeit, Kritik (➪ Kritik) anzunehmen und umzusetzen und sich ganz genau zu beobachten. Manchmal ist das schmerzhaft. Nicht in dem Sinne, dass es wirklich wehtut, sondern weil man sich eingestehen muss, dass man von den tausend Dingen, die es zu beachten gibt, einige noch nicht so gut verinnerlicht hat. Wie auch?

Aus diesem Grund solltest du gerade in den Gesprächen mit den Mentoren (➪ Mentoren) und den Fachleitern (➪ Fachleiter) immer offen und ehrlich sein. Auch das braucht Übung. Keiner kann erwarten, dass du schon nach wenigen Wochen das komplette Repertoire eines erfahrenen Lehrers beherrschst. Was aber von dir erwartet wird, ist der Wille, herausfinden zu wollen, was du gut beherrschst und was eben noch nicht.

Schon nach den ersten Besuchsstunden ist die Reflexion ein wichtiger Bestandteil der professionellen Betrachtung von Unterricht. Hier zeigst du nicht nur, dass du in der Lage bist, Unterricht zu planen, sondern auch, dass du dein eigenes Handeln hinterfragen kannst. Wenn du dann noch in der Lage bist, Verbesserungsvorschläge für das nächste Mal zu verbalisieren, bist du auf dem richtigen Weg.

Bei der Lehrprobe (➪ Lehrproben) ist die Reflexion so bedeutend, dass du auch dann noch eine gute Note bekommen kannst, wenn der Unterricht nicht so gut gelaufen ist, du den Grund aber genau analysierst und benennen kannst. Doch Vorsicht! Das ist kein Freifahrtschein nach dem Motto: Egal, ich kann ja danach alles reflektieren.

R wie Ruhe

Die Momente, in denen du im Referendariat innehalten und abschalten kannst, sind spärlich gesät. Eher wird es so sein, dass du jedem, der dir irgendwie nahesteht, ständig damit in den Ohren liegst, warum dies funktioniert und das nicht und welche neuen Herausforderungen als Nächstes auf dich warten.
Die generelle Grundspannung, mit der du durch die Gegend läufst, hält dich gefangen. Natürlich ist es gut, wenn du dich mit deiner Arbeit beschäftigst und dir Gedanken darüber machst. Doch hin und wieder brauchst du auch Abstand von dem ganzen Zirkus, der dich umgibt. So besteht zumindest eine Chance, dass du auch nach dem Referendariat noch Freunde hast, die gerne Zeit mit dir verbringen.

Das Zaubermittel dafür ist Ruhe!

Diejenigen, die noch nie das geordnete Chaos von Schule und Klassenzimmer erlebt haben, können sich kaum vorstellen, was es bedeutet, Teil davon zu sein. Vieles nimmt man auch nach der Schule noch mit in den Alltag. Das ist völlig normal.

Wenn du aber die eineinhalb Jahre (oder mehr) Referendariat unbeschadet überstehen willst, brauchst du Ruhe und Pausen. Das klingt eigentlich recht einfach. Doch leider ist da immer dieses Gefühl, dass du eigentlich noch etwas machen könntest oder müsstest. Die Schule ist hinsichtlich Arbeitsaufwand und Engagement ein schwarzes Loch. Du tust jedoch gut daran, dich nicht davon verschlingen zu lassen.

Auch wenn du nicht der Typ dafür bist, empfiehlt es sich, Sport zu machen. Selbst kleine Einheiten sind hilfreich. Du kannst dabei den Kopf abschalten und Stress abbauen. Aber auch ins Kino oder essen gehen sind hilfreiche Mittel. Finde das, was dir dabei hilft, den Kopf freizukriegen.

Natürlich ist das Bedürfnis nach Ruhe sehr individuell. Manche fühlen sich sehr schnell gestresst und unter Druck, andere kommen besser damit klar. Das kann sehr persönliche Gründe haben. Wenn du allerdings weißt, dass du dazu neigst, schnell in eine Spirale aus Arbeit und Stress zu geraten, solltest du tief durchatmen und dich daran erinnern, dass es im Referendariat auch darauf ankommt, den Fokus zu behalten. Sich zu konzentrieren. Für die Bedürfnisse der Schüler, der

Kollegen und eventuell Fragen der Eltern da zu sein. Und das gelingt nur, wenn du dich ab und zu ausklinkst, auch, wenn es schwerfällt. Und das tut es in den meisten Fällen.

S wie Sachanalyse

An was denkst du, wenn du an Schule denkst? An engagierte oder desinteressierte Lehrer? An Schüler, die auf die Tische springen? Vielleicht an anstrengende Elterngespräche?
Die viele Schreibarbeit, die dort auf dich wartet, wird oft ausgeblendet. Du musst ins Klassenbuch schreiben (was viele in der Aufregung vergessen), du schreibst Rückmeldungen an Schüler, du schreibst während der Hospitationen mit (➪ Hospitation). Du schreibst die große Dokumentationsarbeit. Manchmal wünschst du dir, du hättest eine eingebaute Schreibmaschine.
Und dann gibt es da noch diesen bestimmten Teil der Entwürfe (➪ Entwürfe): die Sachanalyse, also jenen Teil, bei dem du den Gegenstand der Stunde definierst.

Es ist immer wichtig, die jeweiligen Bestimmungen für die Unterrichtsentwürfe zu kennen. Dort steht, was man alles in einen Unterrichtsentwurf schreibt, ob man die Methoden isoliert oder in die didaktische Analyse einbezieht. Der Fachleiter (⇨ Fachleiter) ist bezüglich der formalen Richtlinien der richtige Ansprechpartner.

Auch wenn im Unterrichtsentwurf eine Sachanalyse nicht ausdrücklich gefordert wird, hilft es ungemein, sich klarzumachen, was die eigentliche „Sache" ist, um die es geht. Seitdem in den Lehrplänen der Fokus auf den Kompetenzen liegt, sind sie essenziell für die Planung. Eine Kompetenz kann das Erlernen von Wissen über etwas sein, muss es aber nicht.

Die „Sache", die im Referendariat in der sogenannten Sachanalyse beschrieben wird, ist also nicht ein riesiges Thema, um das es gehen soll – egal ob es Bruchrechnung oder Napoleons Kriege sind – sondern sie besteht aus einer oder mehrerer Kompetenzen, auf die sich der Rest bezieht.

Je eher du verstehst, dass die Kompetenz das Wichtigste ist, desto schneller lernst du, deine Stunde wohlstrukturiert aufzubauen.

S wie Sanktionen

„Wenn du das noch einmal machst ...!" hörst du dich selbst sagen. Zuvor war es sehr laut und du wolltest die Zimmeraufteilung für die Klassenfahrt organisieren. Als du dann auch noch den Schüler dabei erwischst, wie er mit seiner Bananenschale aus der hinteren Reihe versucht, den Mülleimer zu treffen, platzt dir der Kragen. Bisher hattest du keine Probleme damit, dich in der Klasse durchzusetzen, aber dieses Mal wusstest du dir nicht anders zu helfen. Da hörst du auch schon die Antwort: „Was dann!?" Und danach: „Sie können uns gar nichts, außerdem ist mein Papa Anwalt, der macht Sie fertig." Du gibst kleinlaut bei und merkst, dass du durch diesen kleinen Ausrutscher einen Teil deiner Souveränität eingebüßt hast.

Natürlich droht ein Schüler nicht immer sofort mit dem Anwalt. Dass du aber im Eifer des Gefechts eine Sanktion androhst oder einen Klassenbucheintrag vornimmst, ist schnell passiert. Oftmals fehlt dir einfach die Zeit, über eine angemessene Reaktion nachzudenken. Es gibt zahlreiche verschiedene Lösungsansätze und im Referendariat lernst du, welche Art von Sanktionen du anwenden kannst und unter welchen Umständen es z.B. möglich ist, einen Schüler auch mal für zwei Stunden „nachsitzen" zu lassen.

Das Problem ist: Was machst du, wenn diese Möglichkeiten ausgeschöpft sind? Anstatt also aus vollen Kanonen auf Spatzen zu schießen, bieten sich einige hilfreiche Überlegungen an.

Zunächst einmal ist wichtig, Ruhe, die man eingefordert hat, auch eintreten zu lassen, bevor es weitergeht. Denn wenn man sich schon mit ein bisschen Ruhe zufriedengibt, lernen die Schüler daraus, dass sie eigentlich nicht ruhig sein müssen. Das kann zu Beginn länger dauern, aber die Zeit sollte man sich nehmen.

Egal ob nun spielerisch (mithilfe einer Klingel oder dem „Schweigefuchs") oder mit verbalem Einfordern – jeder hat eine zweite Chance verdient. Wenn du nach dem ersten Vergehen direkt losschreist oder gar eine Sanktion aussprichst, hast du schnell keinen Trumpf mehr auf der Hand und die Schüler fühlen sich aufgrund der harten Bestrafung unfair behandelt.

Oft ist allerdings gar nicht entscheidend, wie du reagierst, nachdem es laut geworden ist, sondern vielmehr musst du dich fragen, was geschah, bevor es laut wurde. In dem obigen Beispiel war es die Organisation der Klassenfahrt, die vom eigentlichen Unterrichtsablauf abgewichen ist und so den eigentlichen Rhythmus verändert hat. Bevor du also die Schuld bei den Schülern suchst, solltest du darüber nachdenken, ob du selbst für Störungen sorgst, indem du beispielsweise den „normalen" Ablauf veränderst. Das lässt die Störung nicht verschwinden, jedoch hat man so eine andere Perspektive und kann beim nächsten Mal darauf achten, eine Atmosphäre herzustellen, bei der es weniger leicht zu Störungen kommt.

Merke dir, dass Sanktionen das letzte Mittel sein sollten. Am besten ist es, wenn man sie nicht einsetzen muss.

S wie Schüler

Als Referendar musst du ungefähr an so viele Dinge gleichzeitig denken wie ein Pilot, der ein Flugzeug steuert. Jeder einzelne Hebel ist wichtig. Problematisch wird es, wenn plötzlich das rote Alarmlicht angeht und du partout nicht den Grund dafür findest. Und während du dich darauf vorbereitest, das Flugzeug hochzuziehen, um dann abzuheben, merkst du, dass es nicht funktioniert. Du hattest vergessen, den Motor anzumachen.

So ungefähr fühlt es sich an, wenn du deinen Unterricht in Perfektion planst, dabei aber die Schüler vergisst – du hast einfach nicht an das Grundlegendste gedacht.

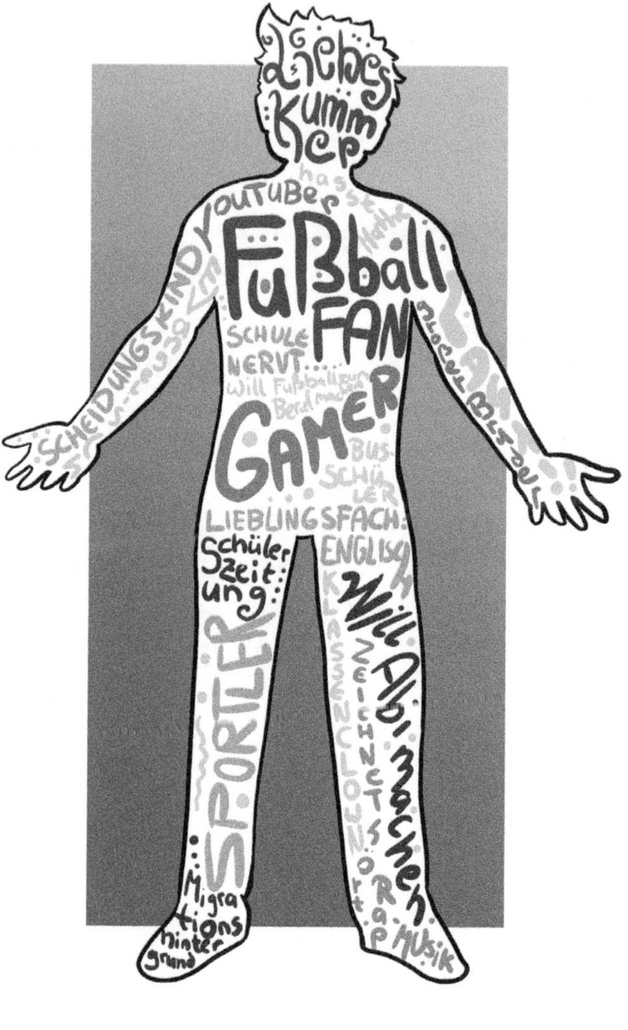
Liebes
Kummer
YOUTUBER
Fußball
FAN
SCHEIDUNGSKIND
SCHULE
NERVT.....
GAMER
BUS-
SCHÜLER
LIEBLINGSFACH:
ENGLISCH
Schüler
zeit
ung
KLASSENCLOWN
Will Abi machen
SPORTLER
Migra
tions
hinter
grund
MUSIK

Schüler sind junge Menschen, die eher selten darauf versessen sind, dass man sie mit Mathematik oder deutscher Lyrik beglückt. Für sie ist z.B. das neue Videospiel, das sie gerade gekauft haben, viel wichtiger. Vielleicht sind sie auch gerade frisch verliebt oder ihre Eltern haben sich gestritten oder sogar getrennt.

Für dich als Referendar heißt das zum einen, dass es dich einige Anstrengung kostet, sie zu begeistern. Wenn es jedoch gelingt, sind das die schönsten Momente im Referendariat und auch später im Lehrerleben.

Zum anderen bedeutet es auch, dass du dich darauf einstellen musst, dass hin und wieder etwas nicht gelingt, wenn so viele individuelle Persönlichkeiten aufeinandertreffen. Und das ist völlig in Ordnung. Eine einzelne schlechte Stunde wird aus den Schülern keine schlechten Menschen machen.

Leider hat man im ersten Ausbildungsabschnitt meist nicht genug Zeit, die Schüler richtig kennenzulernen, und es kommt auch nicht gut an, wenn man sich zu kumpelhaft gibt. Dennoch ist es wichtig, auch die Schülerperspektive zu berücksichtigen.

Es sind keine Maschinen, die nur darauf warten in Besuchsstunden (➪ Besuch) oder Lehrproben (➪ Lehrproben) zu funktionieren. In den meisten Fällen hast du als Referendar aber einen entscheidenden Vorteil: Du bist jung, frisch und engagiert und du möchtest die Klasse begeistern. Das spüren die Schüler und auf dieser Grundlage lässt es sich meist gut arbeiten.

Dennoch musst du dir den Respekt der Schüler auch oder gerade als Referendar erarbeiten. Schüler merken schnell, wenn du dich verbiegst oder herausredest. Wichtig für einen angemessenen und respektvollen Umgang ist Transparenz (➪ Transparenz), aber auch freundliche Zugewandtheit und nicht zuletzt Konsequenz.

Mit Konsequenz ist nicht gemeint, so schnell es geht zu sanktionieren (➪ Sanktionen) – dies sollte immer das letzte Mittel sein. Es bedeutet, dass du hinter deinem Wort stehst und das, was du anmahnst, auch einforderst. Wenn Schüler erkennen, dass du ihnen Respekt entgegengenbringst, dass du ihnen mit Interesse begegnest, dass es aber auch Grenzen gibt, dann hast du eine sehr gute Arbeitsgrundlage.

S wie Schulleitung

Die ersten Besuche sind geschafft! Du bist mit deiner Leistung zufrieden und deine Stimmung ist gut. Du hast das Gefühl, dass jetzt nichts mehr schiefgehen kann!

Dann siehst du plötzlich einen Zettel in deinem Fach, der dir den Besuch des Schulleiters ankündigt! Der Rektor möchte sich persönlich ein Bild davon machen, wie du deinen Unterricht gestaltest und dich als Lehrer vor der Klasse schlägst. Mit der Gelassenheit ist es auf einen Schlag vorbei.

Die Schulleitung ist für die Rahmenbedingungen der Schule verantwortlich, also für das Konzept der Schule, die Optimierung und Aufrechterhaltung der Abläufe und dienstliche Organisationsformen wie Konferenzen usw. Für dich als Referendar spielt sie aber noch eine andere, wichtige Rolle. Die Schulleitung ist für die Beurteilung zuständig – sowohl für Referendare als auch für Lehrer, die in einen höheren Dienstgrad wechseln wollen.

Neben den Beurteilungen aus den Besuchen (➪ Besuche), die angekündigt sind und für die du genug Vorbereitungszeit hast, erstellt die Schulleitung auch eine Dienstbeurteilung, die ebenfalls in die Gesamtnote einfließt. Dazu spricht sich der Schulleiter mit deinem Mentor und Fachleiter ab.

Natürlich hat jeder Schulleiter einen eigenen Blick auf die Dinge, aber generell liegt der Schwerpunkt der Beurteilung auf den Kompetenzbereichen „Unterrichten", „Erziehen" und „Schule mitgestalten". Hier geht es also nicht um didaktische Spitzfindigkeiten, wie sie der Fachleiter erwartet, sondern um eine didaktisch-pädagogische Gesamtschau. Also darum, ob du als Referendar wertschätzend mit deinen Schülern (➪ Schüler) umgehst, eine
klare Struktur hast (➪ Unterricht) und dies auch reflektieren kannst (➪ Reflexion). Es schadet auch nicht, wenn du in der Schule Engagement zeigst und Verantwortung übernimmst. Zeige, dass dir die Schule am Herzen liegt und beteilige dich an Projekten. Der Schul-

leiter wird das wertschätzen, was für das zweite Staatsexamen von enormer Bedeutung ist.

T wie Transparenz

Bisher war der eine Lehrer eigentlich immer ein total netter Kerl gewesen. Doch an diesem Tag kommt er in die Klasse und die Schüler können die dunkle Wolke förmlich sehen, die über ihm schwebt. Jeder, der es wagt, ihn anzusehen, wird mit einem finsteren Blick bestraft. Als ein Schüler sich dann auch noch erlaubt, einen Kommentar abzugeben, rastet er aus. „So geht es nicht weiter, alles wird immer schlimmer! Und überhaupt, keiner von euch wird es je zu etwas bringen!" Erst viel später wird den Schülern klar, dass er sich über die katastrophalen Ergebnisse der letzten Klassenarbeit geärgert hat. Aber nun ist es zu spät. Der Lehrer ist unten durch und das wird sich auch so schnell nicht ändern. Dabei hätte alles anders laufen können.

Es gibt zahlreiche didaktische Ansätze und Bücherregale voll mit Büchern, die diese begründen. Mal wird die Disziplin als oberste Prinzip dargestellt, mal die Autorität, mal die Konsequenz. Alle drei, in Maßen angewendet, sind auch definitiv wichtig und verständlich. Um im Referendariat aber die richtige Grundlage für später zu schaffen, sei an dieser Stelle ein weiteres wichtiges Prinzip erwähnt: die Transparenz. Transparenz bedeutet nicht nur, den Schülern zu erklären, wie die Noten zustande kommen (das ist nach dem sogenannten Transparenzerlass in jedem Schuljahr Pflicht und muss ins Klassenbuch eingetragen werden). Es geht darum, dass die Schüler (und auch die Kollegen) wissen, was du tust, warum du es tust und bis zu einem gewissen Punkt auch, wie es dir geht.

Man kann sich nicht gegenseitig in die Köpfe schauen und weiß deshalb einfach nicht immer, was in dem Menschen gegenüber vorgeht. Wenn du deine Absichten nicht klar formulierst, kann es dazu führen, dass dein sorgfältig geplanter Unterricht ganz und gar nicht so funktioniert, wie du es dir gedacht hattest. Darüber zu sprechen, was du willst und wie du es willst, hilft ungemein.

Auch auf persönlicher Ebene ist Transparenz unerlässlich. Wenn du dich über jemanden ärgerst, wenn du dich freust oder ein Lob verteilst, sprich es deutlich aus: Nicht immer ist es selbstverständlich.

Transparent zu handeln, heißt aber auch, zu differenzieren. Nicht alles ist gleich gut. Schüler möchten fair behandelt werden und wissen, woran sie sind. Manchmal kann es schwerfallen, ein Feedback zu geben, dass dem Schüler zeigt, wo er sich noch verbessern muss. Doch auch das gehört dazu.

Die Schüler werden es schätzen, wenn sie wissen, was du warum und wie tust. Und wenn du eine Atmosphäre etablierst, in der die Schüler Fragen stellen können und du Antworten bereithältst oder auch zugeben kannst, dass du nicht immer alles weißt, dann ist die Grundlage für eine wertschätzende (➪ Wertschätzung) Zusammenarbeit gegeben.

U wie Unterricht

Alles ist perfekt geplant. Der auf die Sekunde getaktete, medial vielschichtige Einstieg ist minutiös vorbereitet. Ein hoher motivationaler Nutzen ist sicher. Alles ist perfekt auf das Thema zugeschnitten. Du bist dir sicher, auch die Erarbeitungsphase wird den Schülern noch Jahre in Erinnerung bleiben, da die Stunde nicht nur diesen Tag, sondern das ganze Leben beeinflussen wird. In einem glanzvollen letzten Schritt bringt deine Aufarbeitung alles zu einem kognitiv anspruchsvollen Transfer. Von deinem Schreibtisch aus hört sich das alles sehr überzeugend an.

Die Realität holt dich jedoch schneller ein, als du Mittagspause sagen kannst. Erst musst du deine Klasse in einem anderen Raum einsammeln, weil der angeblich so auf dem Vertretungsplan angegeben war. Dann kannst du immer noch nicht anfangen, weil der letzte

Schüler verschwunden ist und keiner weiß, wo er steckt. Natürlich möchte Jenny aus der siebten Klasse genau jetzt wissen, ob du in der letzten Pause die Arbeit korrigiert hast, die zuvor geschrieben wurde. Und auch wenn dann endlich alle am Platz sind und du hoffnungsvoll versuchst, die verlorene Zeit gutzumachen, musst du feststellen, dass die Schüler in der hinteren Reihe für die Mathearbeit in der nächsten Stunde lernen. Spätestens jetzt kannst du dich fragen, ob du statt der Overheadfolie nicht lieber ein Stressbällchen mitgenommen hättest und wie du das die nächsten 40 Jahre durchstehen sollst.

Dann atmest du durch und denkst daran, dass Kontrolle eine Illusion ist, eine Stunde noch kein Schuljahr macht und du auch dann nicht perfekt sein musst, wenn du nichts lieber willst als das. Im Gegenteil: Perfektionsstreben kann schnell ins Gegenteil umschlagen.

Das Beispiel zeigt einen Ausschnitt davon, welche Herausforderungen im Schulalltag auf dich als Referendar warten. Aber wie soll man Unterricht planen, wenn man weiß, dass, anders als im Studium, eben nicht alles zu jeder Zeit unter der Kontrolle ist? Das Wich-

tigste neben einer stringenten Struktur ist das Wissen darüber, für wen der Unterricht eigentlich ist:

Nicht für dich, sondern für die Schüler!

Was sich nach einer Selbstverständlichkeit anhört, ist es ganz und gar nicht. Je eher du dir bewusst machst, dass es erst um die Schüler und danach um dich geht, desto eher wirst du auch Zeit für dich selbst haben.

Das heißt nicht, dass du nicht versuchen solltest, deine Struktur (➪ Entwürfe) einzuhalten, vor allem in Prüfungssituationen (➪ Lehrproben); es bedeutet aber, dass die Frage eines Schülers, ein Notfall oder sonstige Unberechenbarkeiten wichtiger sind als ein sekundengenauer Einstieg. Auch im späteren Verlauf deiner Referendarszeit sowie später im Beruf wird wertgeschätzt werden, wenn du den Fokus deiner Arbeit auf die Schüler legst und nicht nur darauf, dass alles so läuft, wie du es geplant hast. Das bedeutet freilich nicht, dass du schludern sollst. Sei aber auch nicht zu streng mit dir. Die Schüler sind Menschen, denen es mal gut und mal nicht so gut geht. Das solltest du berücksichtigen.

V wie Verwaltungsarbeit

In machen Wochen könnte man meinen, die Schule besteht nur aus Listen und man selbst ist nur aus dem Grund angestellt, um diese auszufüllen. Es gibt die Liste für die Schülerversicherungen am Schuljahresbeginn, eine Liste für die bestellte Lektüre und natürlich den Rücklaufzettel, damit man weiß, dass alle Eltern wissen, dass es etwas anzuschaffen gibt, eine Liste für Neuanschaffungen, eine für Geschenke und eine für Ideen zum Tag der offenen Tür. Überall sind Listen.

Auf YouTube gibt es ein Lehrerlied, bei dem der Sänger davon singt, was ein Lehrer alles ist und was er alles machen muss. Die Vorstellung, dass man als Lehrer ein paar Stunden vor der Klasse steht und dann wieder nach Hause fährt, ist zwar schön, entspricht aber nicht der Realität. Gerade als Referendar bist du damit beschäftigt, alles kennenzulernen, und selbst wenn du nichts mehr zu tun hast (was selten ist), bist du damit beschäftigt, beschäftigt auszusehen (denn der Schulleiter könnte ja in der Nähe sein).

Der größte Teil deiner Zeit wird jedoch von der Verwaltungsarbeit gefressen. Da sind E-Mails, die beantwortet werden müssen (meist bekommen auch die Referendare eine E-Mail-Adresse von der Schule, die man auch wirklich nutzen sollte, wenn es um schulische Angelegenheiten geht), und dann gibt es die angesprochenen Listen. Jeder Lehrer wird nach einigen Dienstjahren zusammenzucken, wenn er das Wort Liste hört. Das liegt daran, dass das Ausfüllen von Listen viel Zeit in Anspruch nimmt, die man eigentlich nicht hat. Insofern solltest du als Referendar – vor allem, wenn du dich in einer wichtigen Prüfungsphase (➪ Lehrproben) befindest – auf der Hut sein, wenn ein Kollege um Hilfe bei einer Liste bittet. Es kann nämlich gut sein, dass dir von der Stunde, in der du dich vorbereiten wolltest, nur noch wenige Minuten übrig bleiben.

Neben E-Mails und Listen sorgen zahlreiche Zettel, Ankündigungen, Protokolle, Konferenzbeschlüsse und Verwaltungszettel für Chaos in der Schultasche. Zumindest dann, wenn du nicht weißt, wie du Ordnung hältst (⇨ Ordnungssysteme).

Um so gelassen wie möglich durch den Zettelwust zu waten, solltest du so früh es geht wissen, was wichtig ist, und einen Ort haben, an dem du alles wiederfindest. Für einige ist dabei eine App die erste Wahl, andere wollen lieber einen analogen Ablageort haben.

Egal wofür du dich entscheidest: Verwaltungsarbeit nimmt Zeit in Anspruch, die oft knapp bemessen ist. Wenn du gelassener werden willst, solltest du das nie vergessen.

W wie Wertschätzung

Während deiner Hospitation fragt der Lehrer, wer denn die Hausaufgaben gemacht hat. Einige melden sich, die anderen versuchen, sich wegzuducken oder möglichst unschuldig auszusehen. Der Lehrer spricht eine Schülergruppe an. Die drei schauen sich gegenseitig an. Nein, sie haben die Hausaufgaben nicht. Der Lehrer bittet sie, nach vorne zu kommen. Sie wollen nicht. Erst als er sie mit Nachdruck auffordert, kommen sie mit hängenden Köpfen nach vorne. Sie sollen die Hausaufgabe vorrechnen und scheitern natürlich kläglich. Das wird ihnen eine Lehre sein!

Die Frage ist nur, welche Lehre das ist und welchen Wert sie für das Leben der Schüler hat? Es ist zu bezweifeln, dass der Lehrer damit erreicht, dass die Schüler nun immer ihre Hausaufgaben machen. Viel eher finden sie den Unterricht bei ihm nun noch schlimmer. Klar, wer will schon öffentlich gedemütigt werden.

Es ist immer einfach, sich und andere mit Defiziten herunterzumachen. In der Kaffeeküche triffst du sicher auf ein paar Kollegen, die schon länger dabei sind und ständig sagen, wie schlimm alles geworden ist. Aber es gibt auch andere und es lohnt sich, diesen genauer zuzuhören.

Schüler zu wertschätzen, ist das A und O im Lehrerberuf. Das bedeutet nicht, dass du ihnen alles durchgehen lässt (➪ Sanktionen). Es bedeutet vielmehr, dass du dir bewusst machst, was sie als Menschen ausmacht, in welcher Situation sie sich vielleicht gerade befinden (➪ Klassen) und wie sich das auf die Leistungen in der Schule auswirken könnte.

Die Wertschätzung gilt genauso auch für andere Referendare und auch Kollegen. Es ist immer einfach zu denken, dass du als Referendar diese oder jene Stunde besser hättest machen können, denn immerhin hast du auch das Dreifache an Vorbereitungszeit. Kollegen wertzuschätzen, bedeutet auch, die unterschiedlichen Lebenslagen zu akzeptieren, in der alle Beteiligten sind.

Zuletzt sollte man nicht damit sparen, wertzuschätzen, was man schon ab dem Beginn als Referendar selbst leistet. Es wird Tage geben, an denen du dich fragst, warum du denn so kaputt bist. Du hast doch nur ein paar Stunden unterrichtet und dich ein wenig unterhalten. Doch das ist nicht alles! Du planst, strukturierst dich, sprichst mit Kollegen über Abläufe. Du notierst dir Wichtiges, trägst in den Terminkalender ein, überprüfst den Wochenplan. Du sorgst dich um das Einhalten eines Schülertermins, besprichst mit dem Schüler das Vorgehen. Und so weiter.

Um mit dir selbst gut umzugehen, solltest du dich ab und zu einfach einmal selbst loben. Dich und andere wertzuschätzen, ist eine Grundvoraussetzung für gutes Arbeiten.

X/Y bleibt ungelöst

Z wie Zusammenarbeit

Du hast soeben das Rad neu erfunden! Voller Vorfreude beobachtest du, wie das Arbeitsblatt der Extraklasse den Drucker verlässt und das Licht der Welt erblickt. Es soll die Schüler bei den Synapsen packen und nie wieder loslassen.
Was hier deiner konstant innovativen Referendarsseele entsprungen ist, ist die Mutter aller Arbeitsblätter – und sie muss beschützt werden. Du speicherst dreifach ab und verpackst das wertvolle Gut sorgfältig in einem eigenen Ordner, der daraufhin in deine abschließbare Aktentasche wandert, auf dass niemand außer dir selbst jemals einen Blick darauf werfen kann.

In der Tat: Viele haben aus dem Studium ihren eigenen Stil erarbeitet, wie sie sich Themen erarbeiten und diese ausarbeiten. Und es ist schwer, bestimmte Muster wieder aufzugeben. Zusammenarbeit an Schulen ist jedoch mehr als die gemeinsame Erstellung von Arbeitsblättern. Zusammenarbeit bedeutet auch, sich mit Kollegen über Schüler, Inhalte und anderweitig anfallende Themen auszutauschen. Es ist ein Geben und Nehmen. Zumindest sollte das so sein. Es ist immens wichtig, auch den Schülern zu vermitteln, dass Kooperation, Kollaboration und Kommunikation sie schneller ans Ziel bringen. Gemeinsam findet man Impulse und Ideen, auf die der Einzelne nicht gekommen wäre.

Als Referendar musst du herausfinden, was das richtige Maß ist. Das gilt vor allem für Anfragen an die Kollegen. Die einen finden es nicht schlimm oder sogar bereichernd, wenn sie vieles gefragt werden. Sie laden die Referendare mit in die Klasse ein und tauschen sich angeregt mit ihnen aus.

Andere brauchen ihre Ruhe oder fühlen sich schnell bedrängt. Hier solltest du nicht zu schnell urteilen, wer weiß, was der Grund dafür ist (➪ Wertschätzung). Insofern kann man – sowohl im metaphorischen als auch im tatsächlichen Sinne – sagen, dass es sich lohnt, sich langsam anzuschleichen und respektvoll zu fragen, wenn man voneinander profitieren will.

Hast du aber die richtigen Personen gefunden, dann ist eine gute Zusammenarbeit sehr bereichernd. Ihr könnt euch helfen, Impulse geben und – wenn ihr euch gut versteht – Defizite aufzeigen. Gerade für Referendare untereinander, sowohl im Seminar als auch an den Schulen, ist das wichtig und wertvoll.

Wenn es gelingt, kannst du es sogar schaffen, etwas von der Gelassenheit, zu dem dieses Buch hoffentlich ein wenig beigetragen hat, auch an andere weiterzugeben.

Ich wünsche Dir viel Erfolg!

EXAMEN